京都、しつらいの空間美

祭事に解く文化遺産

大森正夫 著

鹿島出版会

京都、しつらいの空間美

祭事に解く文化遺産

大森正夫 著

鹿島出版会

はじめに

形にどれほどの意味が込められ、文字にどれほどの事柄を託せるのか。かつて日本人は気色の移ろいを敬い、言葉の豊かさで心を通わせ、所作の美しさに生きてきた。文字にもつくせず、形にもならないかかわりに、すべての規範を伝える術《すべ》を託し、いのちを倣う自然とのかかわりを洗練させてきたのである。

美の創作を学ぶとき、わたしたちは先人たちの造形から多くを倣ってきた。人類の歴史をアルケー（原理）としての建築に見てきたのである。日本的なるものとしても多くの建築や美術と対面し、その造形力に圧倒されながらも心を向けてきたのである。

文化を象徴するものとしての建築を考えるとき、風土に生きる日本人のこころの歴史の中心に常に存在していた不動なる拠り所に触れてきたのである。中心の喪失感が漂う今こそ、朧《おぼろ》げに気づきながらも直視してこなかった拠り所に眼差しを向けるときなのであろう。

日本人の自然を慈しむ気持ちが生みだし、日本人としての美意識を研ぎすませつつも悠久の歴史を超えて今に伝えるものがあったのである。私たちの生活になくてはならないものであり、魅了されずにはいられないものである。いかなるモノよりも大事なコトを形にする、生活に浸透した習慣という美意識である。

人とも、自然とも、時とも、日本文化では関係性を大切にしてきた。見えない空気感を気にする関係性を築き生きてきた。そして、そこで大切にしてきたのは作法であり、その場においての想いの時を形づくる「しつらい」を学んできたのである。そこに言葉を超えた文化を学ぶことができるとされているものとして日本には茶道や華道など、「道」のつく芸事がたくさんある。しかし、これらの技芸の一つ一つも枝葉として身近に親しまれているものにすぎない。

日常の所作にも大きな影響を与えている拠り所、それが大いなる自然とのかかわりを「まつ」儀式、すなわち「まつり」である。まつりは、建築でも美術でもない。しかし、文化の総体を担う「まつり」があってこそ諸技芸は栄えてきたのである。

神道に教典がないように、祭にも厳密な手引書は存在しない。伝統芸能と同様に、口伝、見倣《みなら》いによってしか伝えられないことのみを継承するシステム、文字に残さないことによって伝える関係性を「まつり」は保持しているのである。

まつりを宗教儀礼や伝統芸能として見すごしている者は多く社や町を祭事に関心を向けずに訪れ歩く者も多い。しかし、祭事のために造られた社の本来を、祭事のないときに訪れて、どれほどのものが体感できるのであるだろうか。美しく仕上げることを当然とする京の文化力に惹き廻されて、日本の何がわかるというのであろう。まつりが多く催される京都にかぎらず、形を残すことに本来を見ない文化が日本的なるものの一つとしてあるとすれば、私たちはその世界とのかかわり方から学ばねばならないのではないのだろうか。

日本の文化においてもっとも古い形象を残す古社は、もっとも永きに渡って生き続けている「まつり」の場でもある。平安建都以前から隆盛を誇っており、世界文化遺産となった古社・賀茂社において、かつては「まつり」と呼ばれていた通称「葵祭」が現在でも執り行われている。今回、伊勢の神宮と同時に斎宮制度を唯一有する「賀茂祭」を取り上げ、日本人に潜む「しつらい」文化とその空間美について一考を述べておきたい。

私たちが日本文化を物語る姿かたちを知ろうとするとき、その場にのみ成立する「まつり」を直視し、そこに創り出される「しつらい」の数々を知らなければならない。仮初めの「まつり」には、不変なる「しつらい」が存在し、その存在の形の洗練に極みをつくす日本の文化を再考したい。

もくじ

本扉：斎王桜の開花（賀茂別雷神社）

装幀　佐々木まなび goodman inc. 裏具プロジェクト
デザイン　國府佳奈 goodman inc.

序章

京都、しつらいの空間美

しつらい文化と「たつ」意匠

どのような世界にも、一つの契機となるものが必ずある。そして、その契機となり、場となるものを、日本人は「しつらい」と呼んできた。

私たちは日ごろの会話の中で、祭りでの儀礼や建物の部位と思われる言葉を多く使っている。禊ぎや心柱など、生活に根づいた言葉が歴史の中で慣習化した諺や格言、さらには俳句や短歌などに数多く使われている。そして、今日ではそれらの言葉が祭りや建築の用語であることさえ気づかずに定着しているものも多い。地鎮祭や棟上げにはじまる日本の生活史においても深くかかわっている「ヒモロギ」や「大黒柱」という言葉でさえ、その存在感を失いかけているのである。生活全般が西欧化へと流れる中で住居の柱が壁に隠れ、敷居や床の間が消えるころから、床柱さえ日常生活からかけ離れた存在となった今、柱への神聖も季節への畏敬も感じづらくなっているのである。またモノと言葉は深いかかわりがあり、実体の消失が意味の喪失をもたらすことを私たちは顧みなければならない時機に直面している。しつらいは、人々がそこに仕立てる気持があってはじめて生きてくるものである。用を具に換えて理解することで、日常の中に息づくのである。

そこで、かつての日本の生活において常に存在していた「しつらい」について再考する前に、立ち現すことについて、すなわち、最も身近であり最も畏敬の念をもっていたであろう日本人にとっての「柱」について整理しておきたい。

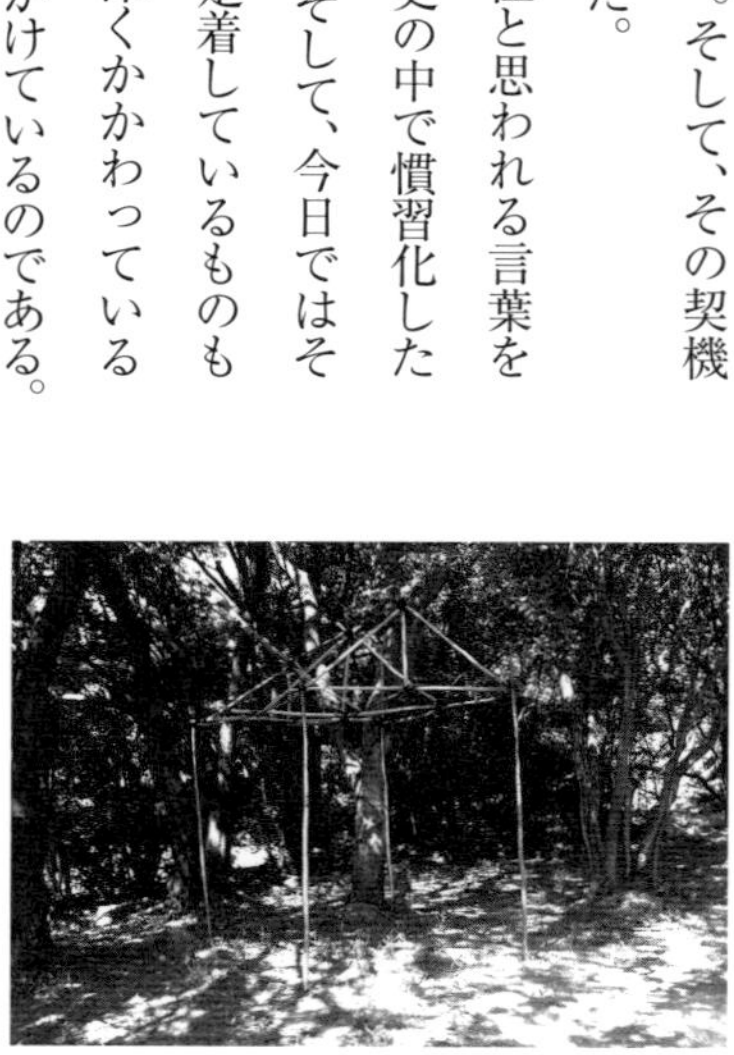

賀茂別雷神社での御阿礼神事に際し、御阿礼野の神舘（平安期は斎院の御所）跡に建てられる幄（あく・とばり）。御阿礼所から移動した宮司以下祭員が南庭に蹲踞し、御榊（阿礼木）の御幸に際して秘歌を黙奏する場である。

［本文：九二頁参照］

立ち現れる柱

姿かたちに違いはあっても、大地に対して垂直状に何かを立てるという習慣は、今日の生活の中にも、世界各地の古代遺跡からも見てとることができる。そして、私たちは習慣の異なる欧米の広場などで見かけるオベリスクやトーテムポールの由縁や意味を知らなくとも、そこに聖的な象徴性やそこを中心に広がる磁場のような領域性を体験することができる。柱には、時代や民族の壁を超えた共通の何かが内在しているのであり、私たちは古代よりこの特性をさまざまな場面で姿かたちを変えながら登場させてきたのである。そしてそれゆえに、「柱」にはその土地の文化と文明力、さらに歴史を有する民族の威信が現れているものでもある。

「柱」の獲得が文化文明の獲得を象徴すると考えたか否かは憶測の域を出ないが、今から二百年ほど前、皇帝ナポレオンは、大事業となる運搬移設までしてパリのコンコルド広場にラムセス二世が創建したルクソールのオベリスクを建てている。紀元前、ローマ帝国と対峙したエジプトのアレクサンドリアに建っていたファロス灯台は一三〇メートルを超えたと言われ、その建造に文明力を誇示していたのであろう。エジプト文明が西欧諸国にとってどのような存在であるのかは推察するしかないが、エジプトのオベリスクがパリ以外にも繁栄を誇るロンドンやニューヨークへ移設され、都市の象徴と威厳を担っていることはまぎれもない事実である。

このような柱を建てることが、人々に与える文化的効果や精神的高揚への功績において、比類なき大きさを誇るゆえであろう。いずれにせよ、高度な文明は優れた技術と意匠を施した巨大な「柱」を必ずといってよいほどに数多く残している。そして、その中でも特出すべき特異な表現形式をもち、その意味合いが他の国々とは確実に異なる「柱」を生みだした国として、日本がある。

イザナギ、イザナミによる国生み神話において、「天之御柱」を陽神《おがみ》が左より陰神《めがみ》が右よりめぐりながら国土を創造した様子を物語っているように、日本はその発端から「柱」とは縁が深い。そして、日本各地に伝承される各種の「まつり」にも、必ずといってよいほどに柱状の何かを見ることができる。これが神道にかぎらず、古今を一貫して現れる日本祭祀の一つの特徴となっていると言えるであろう。

しかし、日本の「まつり」事において行われる柱を「立てる」という行為は、巨木や竹などの自然木だけではない。さまざまな素材や姿かたちを介して現れ、そして見えてくるのである。幟《のぼり》や御幣《ごへい》は直接的な形であるが、祇園祭などでの山鉾や大相撲時などでの櫓《やぐら》など、人工的な構築物にも垂直性を表す柱的なものは造られている。しかし、神社の祭礼にはどうして立木が必要になるのであろうか。

社《やしろ》と杜《もり》

神社は、一般的に御神体を祀るための神殿としての社《やしろ》を指している。しかし本来、神の宮をつくるのに社は要らない。記紀の中で神威を謳われる大神《おおみわ》神社は三輪山を御神体とし、今日まで本殿をもっていない。古代の神社に在るのは、遥拝所としての拝殿と禁足地としての領域を重層的に設定する鳥居や注連縄《しめなわ》などのわずかなサインにすぎない。

カミは、「まつり」のたびごとに現れるのであり、常設の社は必要としてこなかったのである。私たちの祖先は、形なき対象への畏敬の姿を大切にしてきたのであり、その「現れ」を待っていたのである。日本における固有の信仰形式は、仏教を通して伝来した大陸的手法への対応策を求められるまで、恒常的な施設形式と偶像的な志向対象をもつ必然性はなく、意識のもち様と行為の型自体を素直に受け継いでいた。大陸から伝来した仏教は、信仰対象である仏像や舎利塔を提供し、強大なる伽藍を擁し、人々の行為と意思の有無にかかわらず圧倒的でわかりやすい形姿をもって人々の前に持ち込まれたのである。その視覚的な訴求力にたけた渡来の信仰形式が、日本古来より伝承された形姿を残さない作法に造形的な追随様式を与え対抗したのは当然のなりゆきであり、従来の神域に寺院形式に比類する社殿を造営したのは必至であったと理解できる。また、日本の長い歴史の中で神仏混淆《こんこう》（習合）の時代もあり、今日、神社と寺院との区別さえつかない者が増えているのも仕方ない潮流なのであろう。

神社の「社」をヤシロと読むのは、祭事の際に仮設する屋根代わりの「やしろ（屋代）」との意味からであり、

「まつり」事の際に新たに仮設するしつらえを指している。「社」の字形は土を饅頭形にまるめて台座に置いた土主《くにつかみ》（土地の神）の形に祭卓の示を加えた象形であるので、木々が深く茂った森に神が棲む処と考えられた古代よりの「もり（杜）」と類似の意味をなしている。深く生い茂った「鎮守の森」が社殿よりも神社らしい印象を受ける感覚にこそ、神の杜《もり》の本来はあり、生きているのである。そして、そこが神聖な場として私たちに現れるのは、そこで神を招くために行われる手続きとしての行為と場であり、「まつり」の気配を予見できる存在であるからであろう。見えるモノのみに現れる処としての杜なのである。それゆえに、すべてを不問に付し、包み込むかのように森が鎮め守るのは、私たち日本人の念《おも》いと行為の多様性でもあろう。

糺の杜・古祭祀場跡

磐座《いわくら》

世界を意識するとき、その場には起点となるべき何らかの因子が必ず存在する。何もないところから何かが発生することはあり得ないとする考えである。それでは、そのささやかな塵のような存在をどのように捉えたらよいのであろうか。

この宇宙空間に三次元的な一つの小さな点のような物体があると想定すると、そこには目に見えない一本の線的な存在も認めることになる。この派生した線とは、天と地、上下を分ける水平線である。これは重力場の構成であり、存在することと水平線は一対である。そして、この水平線の存在によって浮かびが上るのが垂直軸の存在である。

私たちは、この存在物を一本の水平線の上に乗った存在として理解するのである。一つの点的存在であるが、無方向性の同心円ではなく、水平線の上に位置している存在、すなわち、水平線上の拡がりの中に垂直軸を喚起する場所、「ここ」を感じ取るのである。

古事記の最初の話と同じであるが、まずある広大な水平線上にある場所を与えるために、一つの垂直線が現れ、ある場所が確定される。言い換えれば、場所の確定には一つの垂直性が不可欠なのである。

磐座《いわくら》は、その形状ではなく、「降臨」という垂直軸を喚起する場に注目しなければならないモノであり、存在感あるものには垂直性が必ず強く内在されていると理解すべきなのである。たとえ小さな黒い点であっても垂直軸が潜んでいるということである。

黒く占めると書いて、「點《てん》」という字になる。今日では、「点」と表記しているが、「点」とは存在感のある物質のことを指している。漢字文化の説明のように聞こえるが、訓読みの「てん」という読みに注目したい。「てん（天）」を意識していない「てん（点）」は「點」ではないということである。存在していないに等しいと言うことになる。太古の昔から人は「天を意識する点」をつくろうとし、垂直性のあるものに異常なまでのこだわりを見せてきたのである。先ほど触れたオベリスクなど、文明ある世界において「柱」は、表面上の姿形を変えながら建て続けられてきたのである。「柱」がないところには文明がないかのごとくである。また、逆説的な言い方をすれば、「柱」を獲得することによって文化文明を獲得できたのである。

點

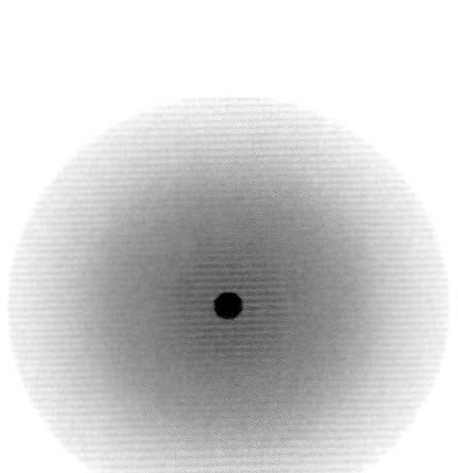

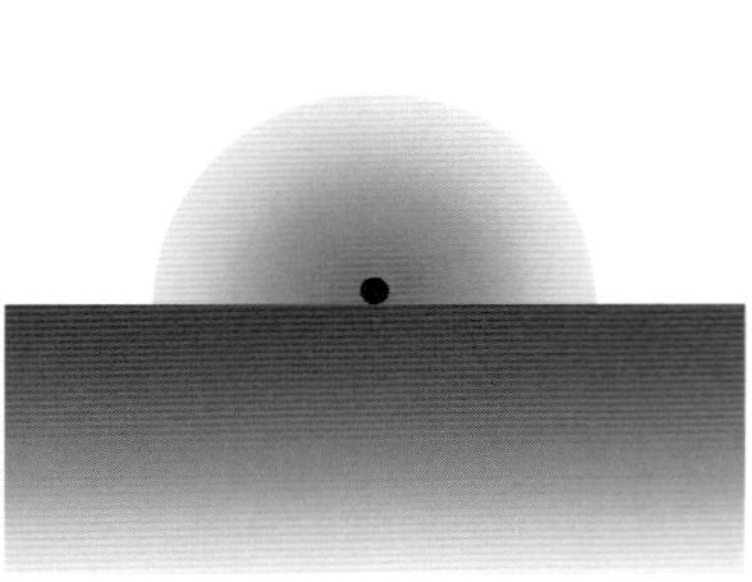

依《よ》り代《しろ》

神が降臨する場となる「依代《よりしろ》」には、自然の岩石などに神を招く「磐座《いわくら》」と舗設祭具である「神籬《ひもろぎ》」がある。磐座は自然石を中央に配した方形の平面地であり、神籬は四隅に竹などを立て注連縄《しめなわ》を四角に回らせ中央に幣帛《ぬさ》を取りつけた榊を立てる形式である。両者ともに中心に完結した固まりがあるという形式においては一致している。この造形上の構造を基本として、樹木は祭儀の場に立てられ、神の依りたまう柱状のものには装飾が施され、さまざまなフォルムとさまざまなパフォーマンスを伴いながら今日の「まつり」を彩っている。

神の社という神聖な場は、神の到来によってはじまる祭礼に際し、降臨への行為が不可欠であり、その契機として天に向けての垂直状の何かを立てる必要性を、私たち日本人は感じてきたのである。

空間の位相は、上下、前後、左右の六つの種類に分けて考えられる。空間を人間の身体と重力の場との関係から規定しているわけであるが、これは空間の中で直立している人間の姿勢によってのみ与えられる方向である。そして、同時にあらゆる動作による方向転換にも存続する「上下」という絶対的に優位な重力座標、すなわち垂直軸の絶対性も認めている。人間の具体的な空間の最も単純な図式は、水平面に立てられた垂直軸による構成であり、人間はその空間を獲得するために、「立ち上がる」という基本的動作の延長としての「自立」という行為を行う。

水平面上の存在を立ち上げるだけでは自立にはならない理由はのちほど触れたいと思う。立ち上がるとは、方向性も希薄に大地に寝転がる姿勢から存在の基点と進むべき方向性をもった姿勢へと起点獲得をめざすことである。柱は、人間存在の基本的な様態をレトリカルに見立てているとも言えるのである。つまり、「柱」には自ら「立つ」という強い自意識の存在と、ほかとは独立した垂直性が不可欠となる。

しかし、この「立てる」という行為は、世界に共通する行為であり、さまざまな「柱」状のものが今日まで建てられ続けてきている。広義には、建物の大半は「柱」的存在として建て機能しているともいえる。文化文明を語るとき、建築物の紹介が不可欠となるのも、こうした理由を潜在的に誰もが認知している証であろう。しかし、世界各地に見られる柱と日本文化においてかかわる柱とは何かが明らかに異なる。パルテノンの巨大なオーダーともイスラム寺院の尖塔とも異なる手法と目的、さらには見方の作法があるように思えてならない。

では、旧石器時代の遺跡からも発掘される日本の柱とは、どのようなものなのであろうか。日本での「柱」について幾つか取り上げてみたい。

心《しん》の御《み》柱《はしら》

日本を代表する「柱」の「まつり」としては、二十年ごとに造替される伊勢神宮などの式年遷宮がある。そして平成二五年は、第六十二回の御遷宮（神体の渡御）の年である。神宮の正殿に奉建する柱を伐りだす木曽地域にある御杣山《みそまやま》の山口に座す神を奉るところからはじまり、五十鈴川での川曳きや御木曳車での陸曳き「まつり」事を執り行いながら十年近くをかける定例行事である。伊勢の神域には神の坐す空間として斎庭《いみにわ》が奉られ、拠り所として存在している。内宮（皇大神宮）の正宮は、四重の垣に囲まれているが、その一番奥に正殿がある。この建物は唯一神明造と名づけられる様式で、他の神社で見ることができない二千年前と同じ姿である。

この正殿中央の地上に、すなわち正殿の床下に小さな覆屋《おおいや》が置かれ、榊や土器が納められ、その地中深くに太さが九寸とも言われる御杣山の柱が一本埋められていると伝えられている。さらに、この柱を伐りだす「木本祭《このもとさい》」もこれを建てる「心御柱《しんのみはしら》奉建祭」も夜間に行われる秘儀中の秘儀ゆえに真偽は不明であるが、見ることはできずともそこに柱があることを念《おも》える「まつり」の存在によって、今日までこの世界観を継承していることに大きな意義がある。造形の美しさ以上に今日まで継承された「柱性」の美しさを私たちは感じているのである。この決して見えることのない柱は、「心《しん》の御《み》柱《はしら》」と呼ばれている。

神宮の建造物を西欧美術の最高位に位置づけられるギリシャのパルテノン神殿と並び評することによって最

高の賛辞とする専門家もいるが、造形的な美しさを競うべき建造物でもない柱の構築性にこそ神宮の存在意義はあり、一つの価値基準から設定されたスタンダードに照らし合わせて語る必要など、あろうはずもない。

私たちは正殿を造替して神座を遷したあとの古殿地にひっそりと残されている「心の御柱」の覆屋と同時に、社殿の床下の大地に今も凛と立っているであろう日本においてもっとも大切な「柱」の存在を見ることができる。少なくとも、今日まで継承された「柱」への眼差しを通して、造形の美しさ以上の何か大切なものの存在を、見えないながらも感じていることだけは明らかなのである。見えるものを見ず、見えないものを見ることによって現れてくる世界にこそ、継承すべきモノを潜め込めているのではないだろうか。

この「心の御柱」が、社殿の屋根や床を支える構造材のみならず、すべての部材と独立し、社殿が建つ以前から神の依代として立っているものであるが、見える柱としては、神宮の建物の妻側には壁面より飛びだし棟を持ち上げるように傾《かし》いで建っている棟持柱《とうじばしら》という特殊な掘立柱がある。直線的な平面加工部材による精緻な外観の中にあっては力強く目立つ円柱による掘立柱であるが、この柱も構造力学的にはほとんど機能していない。しかし、ここにかつての神社の原型を見て取ることができるのかもしれない。祭祀のために建てた祠なるモノをヤシロと呼ぶ場合は神社と見ており、ホコラと呼ぶ場合は、高床式穀倉の意味を感じたのであろうから、仮設した高床校倉式の穀倉の下で祭祀を司っていたのであろう。

しかしいずれにしろ、日本において構造力学的に直接的な役割を果さない柱は、神社建築にかぎってのことではない。建てる目的の第一義に、常設的な堅牢さは必要ないのである。

心柱《しんばしら》

日本の五重の塔の真中には「心柱《しんばしら》」という柱があるが、この柱の構造的な機能は、塔頂部の相輪を受け支えるだけであり、建物の荷重を支えているわけではない。仏寺における卒塔婆なので法隆寺の五重の塔などでも当初はこの柱の下に仏舎利を納めていた。しかし、七世紀頃には舎利ではなく柱そのものに価値を見いだしてきたようで、構造に変化が派生する。重要なことは外観が似ていても、中国や朝鮮の塔には日本における「心柱」という考えが存在しない。そして何より塔の最上部にある日本の相輪は、九輪と言われるほどに長く重厚につくられているのも特徴である。大陸の塔建築と比較すると外観上からも柱的な存在性を大きく捉えていることがわかる。日本で最も高い東寺の五重塔の高さは約五十七メートルであるが、相輪の長さは約十五メートルもある。心柱で塔の加重を支えないためには合理性がある相輪であるが、この心柱を中心にした組み手によってしなやかに揺れる柔構造が奈良や京都にある古刹の五重塔に活かされ、地震大国の日本にとって世界になかった耐震構造を確立させ、霞が関ビルをはじめとする超高層

東寺（教王護国寺）の五重塔

建築の歴史を開いていったのである。この思考が、他の民族が思いつかなかったという発想の異質性から鑑みてもいかに特異なものであるのかは世界の建築史が証明している。

日本の塔建築における稀な創造性は、大陸からの影響や特殊技能から生まれたものではなく、古来より受け継がれてきた柱への絶対的な価値観が不動なものとしていかなる様式や意匠よりも優先しているかを雄弁に語っていると認めるべきであろう。なぜならば、この巨大な柱の造形理念上の優位性も仏教思想とはなんら関係なく継承されていたと断定できるからである。

平成二五年、六十年に一度の御遷宮をされる出雲大社において、平成十二年、一本の柱ではなく巨木を三本組み合わせた巨大な柱跡が、発掘されている。福山敏男（京都大学名誉教授）が発表していた復元想像図はあまりに有名であるが、これまでの木造建築の常識からは逸脱しているとのことから奇案として常に紹介されるにとどまっていた。しかし、発掘により実証されたのである。理念的には賛同できていた論証が実証によって正当化された極めて稀な例であるがゆえに、個人的にも嬉しいニュースであった。なぜならば、一説に高さが九十六メートルとも四十八メートルとも言われており、太古の時代に、現在の私たちの想像を超えた世界観とその理想を具体化するための強い意志と高度な技術が間違いなく存在し、出雲の天空へ向け聳え立っていたことが明らかになったからである。

出雲の柱と伊勢の柱は存在表現の両極を成す究極的な姿であり、この両極性を研ぎすませる歴史に親近感を覚え拝礼する日本人の意識に文化の支柱を感じるのである。そして、この理念と眼差しは当然のごとく私たちの生活の中にも反映するものであり、さまざまな局面において見ることができる。

山《やま》と矛《ほこ》

京都の上賀茂神社の細殿の前に「立砂《たてずな》」と呼ばれる盛り砂がある。白砂を鋭利に盛り上げてつくった高さ一メートルほどの円錐形が二つある。神殿の前に二柱を添える形式は、ルクソールのオベリスクでも見られるが、この立砂の間を通ることはできない。ご神体である神山を模したものとも言われ、依り代としての神聖なる姿の象徴から、清めの儀式として鬼門に撒く「清めの砂」や玄関脇に置く「盛り塩」の起源とも言われるものである。砂を盛り上げているものを「立砂」と称するところに神山の写しだけではない依り代としての象徴性を読み取ることができる。注目すべきは、この円錐の形には砂を奇麗に盛り上げているだけではない意匠で見られる。「立砂」の先端には、松の葉が挿し込まれている。そして、その葉は二つと三つであり、陽と陰、雄松と雌松とされる数である。日本人が好む象徴的記号化と重層的隠喩の原点でもあろう立体と造形の意匠である。

この砂で盛られた「山」に「剣先」を立てて方向性を強化する意匠には、見すごされがちであるが依り代としての「柱」を、もっとも象徴的な形で現わしたものと理解すべきであり、この丸く盛り上がった「山」と長細く研ぎ澄まされた「矛」による構成は、装飾的に巨大化していく祭りと象徴的に極小化していく祭りに二分されるものの、日本の祭りのいたるところで見ることができる。

大地に挿《さ》すという堀立柱に込めた思いが研ぎ澄ませた隠喩の姿に代わって現れているのである。そして、この構造を大衆文化の中で鮮やかに光を浴びたもの、それが丸く盛り上げた「山」に長細く研ぎ澄ませた「矛」を立てて構成する「まつり」の装置、京都の「祇園祭」の山車「山鉾」である。祇園祭は、八坂神社の祭礼であり町ごとに風情を凝らしてつくった「山鉾」を見る宵山と巡行が見せ場となっている。この「山鉾」は、山に鉾を立てているからであるが、釘を使わず縄で縛る柔構造と構造体とが分離する鉾の技巧的な処理は五重塔の心柱と同様であり、上賀茂神社の「立砂」に造形上の原理を見ることができる。

日本の「まつり」の形態は、この様態を装飾的に巨大化していく「まつり」と、極小化し、さらには記号化していくものとの大きく二分されるところに魅力があり、多様な趣向に対応していると感じている。この圧倒さとさりげなさとの共存のバリエーションに、それぞれの意味やメカニズムを希求する造形感覚が日本人の特性として身についているとすれば、日本のかたちはおしなべてはかり知れず豊かなものであったにちがいない。

そして、「柱」そのものを主題とした代表例は、諏訪大社の「御柱祭《おんばしらまつり》（正式名は、式年造営御柱大祭）」である。この祭りは七年に一度であり、諏訪大社の上社本宮・前宮と下社春宮・秋宮の四つの社殿の柱を立て替えるために山中から御柱として樅《もみ》の大木十六本を切りだし、長野県諏訪地方の各地区の氏子の分担で各宮まで曳行して社殿の四方に建てて神木とする自然木の切りだしから数カ月間にわたる勇壮な大祭である。

また、上賀茂神社での「競馬会《くらべうまえ》神事」にも、興味深いシーンがある。見学者が競馬を見ようと席取りに懸命なころ、境内奥深くの本殿前では厳かに馬に乗る人「乗尻」が、一人ひとり順番に神殿にて幣を奉献する「乗尻奉幣の儀」を行っているのである。また、「競馬会神事」では、馬場に矛を立てる。矛の柄には幟もつけられている。この様態が重要とされるものである。祭り事には矛がつきものである[一五二頁参照]。ちなみに落馬すると、この矛を一斉に横に倒すことになる。倒した後の競馬は単なる人間のためのイベントとなり神前での儀式ではなくなる。

松上《まつあ》げ

見かけの様子は随分異なるが、京都北部の花背や広川原などの地区で「松上げ」という神事が行われている。松上げとは、河原に二十メートルほどの桧丸太に大笠を取りつけた灯籠木《とろぎ》を立て、四方八方から大笠めがけて小松明を投げ上げる「まつり」である。陽が沈み、山の稜線がかすかになりはじめると、単調な太鼓と鐘の音とともに村の衆が現れ、注連縄を切り川を渡る。背丈ほどの灯籠木が無数に立てられた川原を、一つずつ灯していくと広河原は小さな明かりの海原と化し、明かりに浮き上がる山の稜線の下に広がる豊かな大地の恵みと美しさを皮膚から吸収できる。全域に明かりが灯されきったころから静まりはじめる薄暗の中で、威勢よく打ち鳴らされる太鼓と鐘を合図に着火した松明の投げ上げがはじまる。繰り広げられる上下動軌の痕跡は、数本の火柱を残像としながらやがて一本の灯籠木に着火する。大きな火柱になるまで投げ入れ続けられる炎の痕跡は現象する「柱」へと向かう連帯の象徴にも、人が大地への感謝と天へと託す生への祈りを象徴しているようにも見えてくる。

火をつけた小松明を投げ上げるという行為には、水平線から隔絶する垂

直への意志が見えてくる。また、巨大な火柱が出現するころには、水平面の火はほとんど消えているのである。水平線の存在感から垂直への希求と努力、そして柱形の完成と同時に倒壊させる潔さに、この「まつり」が、立てることよりも柱的存在への意志を確認する儀式のようにも思えてくるのである。松上げはひっそりとした村落で継承される静かな「まつり」であるが、この「上げる」という操作に水平線から隔絶する垂直軸がダイナミックに見えてくるのであり、日本人が求める「柱」へのこだわりと表現の多くが潜んでいる極めて概念的な「まつり」である。

それゆえに、子供の運動会につきものだった玉入れ行事としても定着するほどにわかりやすく親しみやすい形式にもなっていったのであろう。原理性の高いものは、普及化も容易《たやす》いものである。この「まつり」に時と行為と自然の環境を、「しつらえ」としたドラマ仕立ての造形力と卓越した完成度、さらには営む者と見る者へのエンターテインメント性に伝統文化の凄みを感じない人はいないはずである。つまり「まつり」に楽しみは不可欠なのである。

春を告げる「まつり」に、東大寺二月堂の「お水取り」がある。「まつり」事の名前にもかかわらず「お松明」の儀式は有名であるが、深夜、大松明による炎のパフォーマンスが終わったあとの厳かな空気の中で神職らによって井戸から「お香水」の汲み取りが執り行われる。地中深くにあり、大地を支える生命の源水を真っ直ぐに汲み上げる儀式である。汲み上げて地上に降ろした瞬間、水面をつくり広がる水である。お水取りの祭礼のメイン行事に執り行われるこの行為に見える柱の存在には、「火」を松上げとは対称的な「水」であるが、「上げる」という同一の軸線構造に大事さがある。

一柱《ひとはしら》

「棒」という言葉がある。直線状の単調な形態を指す言葉であるが、単に垂直に立てた「棒」を「柱」とは言わない。「柱」とは、直接眼に見える見えないにかかわらず、それ自体が支えられることなく独立して立つものでなければならないからである。「柱」に必要なのは、一本で完結した直立の存在感であり、長さでも太さでもない。「仮初め《かりそ》」であろうとも、「柱」とは立ち現れる世界の契機として、大地に打ち込まれた杭のごとき不動なる自立的存在感がなければならない。その垂直性と存在性を感じてはじめて人はそこに生命体を見て取り「柱」と呼ぶのである。つまり柱は生命への象徴以外の何物でもなく、尊厳のある存在なのである。

人はこの世を去り舎利になると一柱、二柱と言うように「柱」の単位で呼ばれる。神・霊または高貴な人を数える「単位」でもある。自立する存在性を象徴し、御霊が依るところを意味する現象に「柱」という呼称を与えていることは明らかであろう。人が人として生きた証に人を一つの柱として「見立て」ているのである。

この「見立て」という言葉にも、立てる意識が直接的に現れている。生命を帯びた意味を派生させるとき、立てることは不可欠なのである。言葉を換えれば、言葉の上でも「立つ」ことができなければ意味をもつことはない。戯言、寝言のたぐいと言わざるを得ない。

また、換言すれば、言葉の上でも「立つ」ことができれば意味をもつことができるのである。日本は太古の昔から表現において、すなわち見える世界を現すために物質の必要性を感じていない。行為、作法とそのことへの意志、そして言葉が必要なのである。

日本には、言葉が実行力をもつ「言霊思想」がある。「こと（言）」と「こと（事）」には区別がないとする考えである。日本人が言葉そのものの空間化に強い関心を寄せてきたのは、日本人がもともと表記文字をもたずに言語を使用していた歴史に起因するのであろうが、日常会話において発する言葉が特別な意味をもつと感じている。別の言い方をすれば、言葉が形や空間をつくると感じているのかも知れない。そこで「言葉の造形化」や「文字の空間化」について考えてみる。

現在の主たる文字は漢字であるが、漢語の輸入以前から言語はあったので、もともとのやまと言葉に漢字などの外来字を置き換えていくときに、言葉自体がもつ本来の意味を考えながらあてていったと考えられ、漢字や言葉の意味関係を見直すことによって私たちが習慣的に使っている言葉自体がもつ空間的な意味を再考することもできるのである。

諏訪大社の御柱（諏訪大社下社春宮）

「たつ」の両義性

「たつ」という言葉であるが、広辞苑を開くと九つほどの意味がある。そして、「立つ」にあてた幾つかの漢字が見えてくる。「立」以外の漢字を書いて「たつ」と読む漢字がある。「点」は、先ほど触れたが「立つ」の初源的な場所性を指している。お茶を点てる野点《のだて》などである。お茶を「たてる」ことによって本来の「点」的存在になるという意味でこの漢字は当を得ている。この「立てる」動作が「お点前」なので、確かに点てる「点」の前で行っている。ほかに時間的経過の「経つ」、何かがあらわに立ち顕れてくるときの「顕つ」、建造物の「建つ」、戸を立てて閉ざすときの「閉つ」、身を起こすときの「起つ」、出発するときの「発つ」、壊れずに保つときの「保つ」などそれぞれの漢字から「立つ」の空間的な意味の広がりを見て取ることができる。ここから推察できるのは「立つ」に内在する存在への積極性である。力強い決意表明であるが、

根底には垂直性への精神構造があるようにも思える。

また、「たつ」には「立つ」以外の空間性をもった意味もある。何かを中断するときの「断つ」「截つ」、終わらせるときの「絶つ」、布を切るときの「裁つ」などの分離性を意味する言葉である。また「立ち合せる」とか「立ち切る」とか「立つ」という言葉を接頭語として使うことがある。私たちは、何か強い意志を表現しようとするときに「たつ」という言葉を使う。垂直軸のものを立ち現すためにも垂直方向にスパッと断ち切るためにも、特殊な力が必要となり、それを表現するために「たつ」という言葉を使用している。「たつ」ために物理的なものにかぎらず時間も空間もすべて断ち切っているのである。「立つ」ためには「断た」なければならない。「断つ」ためには「起た」なければならない。また、「龍」「竜」「辰」という漢字を「たつ」と読むが、これは縦方向に勢いある生命体だからであろう。「縦」は「立ち」上った姿にあてた文字であり、「大刀《たち》」などは、断ち切る道具であると同時に立ち上がった形象でもある。刀や矛のソリは「立つ」現象をよく現していると言える。

いずれにせよ「立て方」が重要なのであり、何かへの思いなどを「断つ」ことによって新しいものを「立て」ていくシステムがこの言葉には込められていると解釈している。我われ日本人の思考は「たつ」ことからはじまっているとも言えるのである。「まつり」事では、研ぎ澄ます必要がある時空間すべてに「たつ」が現れている。

ここで、日本語の「たつ」という言葉が派生する意味から漢字の「立」と「人」の字形から捉え直すと面白い推察が成り立つ。

まず、「一」という水平線に横たわる存在に注目することにする。この一本の棒線にすぎない存在が「起き上がる」のであるが、何気なくでは横たわり状態からは「断ち切れ」ない。今に滞留する世界を「絶つ」必要があるのである。縁を「切る」ためには気合い一声、これを「雄たけび」と称すのであるが、正しくは「立つ」ための行為であるから「お建《たけ》び」なのである。倭建命《やまとたけるのみこと》の「建」である。腰を上げながら両手両足を踏ん張って「起《た》ち上り」はじめる。この「裁つ」ことによって「絶つ」瞬間の状態が「発つ」であり、ときが「経つ」につれて立派な「立つ」に「達つ」するのである。垂直に立った「人」の象形は、やがて現在の「人」という安定した形になる。

次に、「人」の象形を横からでなく正面から見る。立ち上がるときの名残で両手は下向きになっているのを、「立つ」ことは単に形態上の「縦」になることではなく「盾《たて》」になるほどの強さも伴うことから、胸を張れるように両手を左右に広げる。そうすると「人」は「立」の形になるのである。

存在感のない棒切れが、ある意志をもって「たつ」ことで、「人」となる、その「こと」のプロセスを形象化した文字が「人」であり、「人」としての存在根拠と役割を示した文字が「立」であると、解釈することは飛躍かも知れないが、形象の意味形成プロセスとしては納得できるものと考えている。「人」と「立」は、深い関係にある。

人《ひと》と華《はな》

立ち上がった人は、どのような関係で身近な自然と超越的存在である神とかかわってきたのであろうか。

伊勢の神宮において、斎王は太玉串《ふとたまくし》と呼ばれる榊の枝に麻の繊維をつけたものを宮司から受け取り、神宮の瑞垣門の前の西側に立てる任務があった。太玉串は神が宿る神籬《ひもろぎ》であり、降臨する神を迎えるための依り代である。それを特定の場所に立てることにより祭りははじまる重要な儀式なのである。太古の昔より植物は祭りに、そして何より神との交信に必要不可欠のモノであったのである。その植物を形象化したモノが「華」という字形であり、原意は、はなやかである。

「華」は、大地から垂直に伸びて左右に葉がでる姿を形象化している漢字であり、略字の「花」としての解釈よりも自然を代表する植物としても文字と理解する方が近いであろう。この「華」の前に立って花へ手を伸ばした状態を横から表したのが「拝」という字形であるから、人が草花へと心を向けて感謝するとき、はじめて神に向かうことができることを示唆している。「拝む」とは、自然崇拝の原初的な姿勢を形象化したものと言えるであろう。このような意味からも昔から神事に草花は欠かせないのである。ここでの「華」とは地面から芽吹いている植物すべてが対象だったと想像できる。

「神」の字形にある流線型は稲妻を現している。電光のごとき威力を示す、が原形である。斜めの屈折は鋭さと勢いであろう。いわゆる天神であり、スピード感溢れるものである。神聖なるものには、瞬間的な時間性と爆発的な力が不可欠なのである。神とのかかわりにはスピードというものが非常に重要なものなのだということを古代の人は感じ取っていたということが、漢字の初文から洞察できる。

「神」と「華」と「人」の三つの文字から日本人の精神的な姿勢を見てとることができる。「人」が「華」を手に取る「こと」自体が「神」とのかかわりであるということを文字は物語る。問題は、それら相互のかかわり方が要となる。つまり、「作法」であり「挿し方」である。この「さ」がつく言葉の空間性には「矢」に由来する関係もあり、鋭さとスピード感が込められている。

「さす」と言えば「挿《い》け花《ばな》」や日本建築を支える宮大工や指物師の技でもある。木造建築での仕口や継手など、鋭利で精巧なディティール造りと柱に貫《ぬき》を指す柔構造で日本文化を支えてきた。「いけばな」も「建築」も日本においては「立てる」ために「挿《さ》す」ことを手段に発展し、さまざまな様式を形成してきた。そして、そこには大地からの「切断」作法を通過しなければならないという共通点もある。日本の空間に「切る」「挿す」「立つ」は欠かせない。「立つ」への「切り」「挿す」操作には、神に近づくために譲れない日本人特有の美意識が込められているからである。

最後に「占」を見る。文字学者の白川静はこの象形文字を大変に重要視されており「さい」と読んでいる。「いけばな」をされている方がこの象形を見ると、ある具象を想像するであろう。「占《さい》」の「口」はもとより神様への祝詞とか供物を納めていた器が原形なのである。器の上に枝木を立てる。または、目立つような標しをつけた垂直の棒を立てる。この構造は既述した通りこの枝が「榊」に変貌していく。上部の「卜《ぼく》」は幟や御幣のようなものへも発展するのだろうから、神籬のような状態だと解釈できる。シャーマニズム的には「占《うらな》う」と読めるが、祭事での「占《しめ》し」(示し)が目的だったのであろう。漢字の原初形態では垂直棒に横木を取りつけている。十字クロスに何故したのか。それは、神様にとっての目印というよりも、引っかかりやすくするかたちのようである。かなり強引な方法であるが、横棒を斜め材で補強した形が「才《さい》」であるから、読みも意味も同じと判断してよいであろう。地面の上に十字形を突き刺した形は「土」に「十」で「在」という漢字になる。

「どのような空間にも必ず契機が必要である」という場合の、「ある」というのは土に突き刺すようなものがあるときに「在る」という字をあてる。「在る」とは、そこで天に向けて何かを示すことであり、領域が占められることである。ちなみに、人間がそこに「存在」していると言うときの「存」は、「才」の下に「子」をつける。「才」は神の降臨を促す道具であるから、人は神の子となる。大地の上に「在り」、天の下に「存る」という世界観を漢字で現わすと「存在」になる。我われが存在するということは大地に根ざし神の庇護を得て、正に「ここ」に「ある」。「ここ」に「ある」という「こと」を自らの意思で「占《しめ》」し、「占《しめ》」すことによって自らが人としてはじめて「ある」ことができると言う意味で「存在」という字があてられる。

しつらいと現れ

やまと言葉としての「たつ」が内包する意志の両義性と、具体的な造作としての「立つ」様態の広がりについて再考し、その「立てる」行為と自然との遭遇・交わりの中で立ち現れる神とのかかわりについて述べてきた。そして、造形美を誇る日本の伝統には見えない形象へのこだわりや、一過性の仕掛けにこだわる背景に触れ、造形以前に「現れ」を目的にしていることに「つくる」ことの大事さがあることを述べてきた。「立てる」ことにこだわって論考を進めたのは、日本文化の根底に流れる「たつ」ことを尊ぶ世界観が、物象的な建造を第一義の目的にさせてこなかったことを再認識し、「たつ」ことによって派生する「現れ」こそを大事にしてきた歴史があることを再評価しておきたかったのである。そして、何もないところに世界を一瞬にして立ち現すという、その価値観に沿う表現として作用する一過性の「しつらい」が定着していることを検証しておきたかったのである。

気の漂う地に、天からの降臨を招くがために「ここ」なる「黙」を指し占め、立ち現す装置が「しつらい」である。また、そこには行為が介在せざるを得ず、対話のための場づくりこそが「しつらい」なのである。「しつらい」が単なる仮設施設ではなく相手を敬う「もてなし」の心とともに語られる所以がここにある。「しつらい」に問われるのは、施設ではなく施設者の想いなのである。「しつらい」に「もてなし」が不可欠なのは、「しつらい」が「まつり」ことのためのモノだからである。言葉をかえれば、まつる心のない「しつらい」は存在しない。

季節の変化に即して移ろう自然に生きる日本人が、その節々に必要とする場は、そのときどきに対応するモノであり、コトでなければならない。そのときどきの「現れ」に必要な施設は、一過性の「しつらい」が適応となる。その場に現れその場に消えるそのコトかぎりの「移ろい」ほど、その一瞬性の相手に対しては、至極の「もてなし」となるのであり、「現れ」の存在感も強くなるのである。

「立ち現れ」の世界観を「柱」性から説明したが、心柱に物質的な荷重をかけないように、「しつらい」自体に充足した目的や意味はない。「しつらい」によって見えてくる「現れ」こそに目的があるのである。主題化しないが、それなくしては存在を語れないモノであり、その「しつらい」から立ち現れてくるモノは、古よりの畏敬の念を抱くものでなければならない。

賀茂別雷神社境内の磐座・岩上（がんじょう）。賀茂祭にて、宮司が蹲踞し勅使に神のご意志を伝える「返祝詞（かえしのりと）」を申す場所。御祭神が降臨された神山とこの岩上はともに賀茂信仰の原点であり、原始祭祀の形を今に伝える貴重な場所である。神と人との心の通路でもあり、「気」の集中する場所である。

第一章

京都、しつらいの空間美

しつらいの作法　祭事のきまり

コトノハ

「なにごとの おはしますかは 知らねども かたじけなさに 涙こぼるる」

平安時代末期に西行法師が伊勢の神宮を前にして詠んだ一首である。眼前に広がる自然から湧き上がる素直な感情を見事に言い表した歌であり、言葉で説明すべきでない現象の存在を伝えているようにも思える。日本が伝統とする空間を建造物や庭園などの具体的な事例をもって紹介することによって、日本の造形美とそこへと向かう日本人の志向性は、十分に伝えられるのかも知れない。日本の建造物やそれにまつわる環境デザインは、それだけでも十分に美しく学ぶべきものも多く、その研究や著作も豊富である。空間の特質は造形の形成からでも十分な説明が可能なのである。しかし、神社はその存在と主たる目的を社殿に置いていない。

神社空間の目的は、「まつりこと」にある。「まつり」に存在根拠があるのであれば、神社建築の造形やそこでの技巧的な方法からの説明ではなく、それらの場をそこで執り行われる行事・作法、すなわち「まつり」の空間形成から捉えなければならない。まつりの場でのアクティビティの背景にある行動の原理から捉え直さねばならないのである。しかし、「まつり」は仮初に現れては消える一過性の現象であり、そこでの成り立ちからして日本の空間特性を捉えようとすれば、それは極めてむずかしいと言わざるを得ない。

「まつり」の実態に直面する前に、それぞれの事象に先んじて整理しておかねばならない空間概念が幾つかある。なぜならば「まつり」には馴染みがあったとしても、一部の専門家を除けば神道やまつりの目的などを知る機会は少ない。また、私たちの周りに多くの神社やまつりが存在するにもかかわらず、大半の人は神道と日本の文化についての基礎的な知識を学ぶ機会にも乏しいためでもある。

ここでは、日本の空間を理解するための基礎的な概念を、空間づくりの原理になっていると思われる概念として、やまと言葉の「コトノハ（言の葉）」から幾つかを取り上げ再考することにする。やまと言葉からの意味を紹介するのは、今日、ほとんどの表記が漢字によってなされているが、「まつり」は漢字の流入以前から継承されている文化であるので、流入によってあてた漢字が植えつけている多くのイメージが読み取りの正確さを欠かすことにもなると考えるからである。

以下のように、「まつり」に表象される言葉を「ことのは」として捉え、それぞれがもつ原語の意味合いについて述べることからはじめる。

マツリ（祭り・祀り・奉り）
カミ（神）
ハレとケ（晴と褻）
ミソギ（禊ぎ）・ハラエ（祓え）
ヨリシロ（依り代）・ヒモロギ（神籬）
コトダマ（言霊）
ミタテ（見立て）

マツリ

年始の初詣から大晦日の年越しまで、日本人の生活に時節とそれに伴う儀礼は欠かせない。無宗教と言われがちな日本人であるが、節分・ひな祭り・端午の節句など、毎月のようにまちのあちこちで祭りの気配を感じることができる。夏の縁日や神輿に関心がなくてもお守りの一つは身に着けているであろうし、清めの塩や拝礼の習慣ぐらいは身に付いているものである。日常生活に信仰心からの行動は実に多い。日本人が祭り好きと言われる所以である。

しかし、「まつり」と言っても、それは日々の暮らしに生活習慣として躾られているものから、四季折々に催される祭礼までその範囲は広く、日本各地にさまざまな姿として現れ賑わいを見せている。「まつり」には、日本固有の共通性を有しながらも地域特性を色濃く反映する郷土の風物として継承されてもいる。それゆえに、「まつり」は、今日においても社会生活の規範として各地に根づいており、祭礼が深くかかわる「国民の休日」をもつ日本では、同日に全国各地でさまざまな姿の「まつり」が執り行われているのである。

「まつり」の語源は、見えないものが見える場に現れるときを「まち（待ち）」迎えるために「たてまつる（奉る）」ことによってマツロウ（マツルの情態言、服従奉仕する）ことである。すなわち「現れ」を「待つ」ことである。お供えを奉り、「カミ」なるものの現れを待ち、現れたモノに歓待慰撫し、服従奉仕する手段として祭りは営まれ継承されている。待つというしつらえをしなければ現れることはなく、カミに奉仕することもできないのである。すなわち、「まつり」のない神社はあり得ない。「まつり」にこその神社の存在真義があると言ってもすぎることはない。

このような意味合いの「まつり」であるが、漢字をあてて表記したとき、一つの漢字では意味合いにズレが生じてくる。そこで、マツルの読みに変わりはなくても、「まつり」の様態の違いから、その都度の漢字をあてざるを得ず、「祭り」「祀り」「奉り」「政り」「纏り」などの表記が成されている。

「祭」は祭卓に肉を供えてまつる状態の象形であり、「祀」は巳(蛇)などを祭卓にまつる形象、「奉」は神の依り付く木の枝を両側と下から手で支える形象であるから「神にたてまつり、神意をうける」意を表している。「政」は、城に侵攻してむち打つ意であるから治める意である。古代、祭祀権をもつ者がその社会を統治していたので、祭事は政事でもあった。

漢字の字義を見ることによって、大陸での行事の様子が時代を超えて見えてくる。しかし、これらの漢字にはやまと言葉が有している「まつ」の響きをもった漢字はない。それゆえに、本書では「まつり」という表記に統一しておきたい。

そこで、今日の私たちの感覚に近く、実際に頻度高く使用されている次の漢字の字義から、「まつり」の意味を整理しておく。

まず、「まつり」の種類について言及しておきたい。さまざまな立場から分類することが可能であるが、身近な生活習慣の立場からでは二つの種類に分けることができる。それは、年中行事と通過儀礼である。

年中行事は、平安時代の宮廷で行われていた節句や賀茂社での祭りや、各地域の稲作農耕に根ざした季節毎の行事にもとづいているものである。通過儀礼は、日常の人生での節目節目に行う儀礼であり、初宮詣や七五三など個人と社会との意識の共有も確認できるとして機能しているものである。

神道祭祀は、農耕社会を基盤としながらも古代律令体制において体系的な組織づくりが進められ、国家祭祀（宮中祭祀）、神宮祭祀、諸国の神社祭祀などに大きく分類されている。宮中祭祀としては、天皇の皇位継承に伴って行われる大嘗祭《だいじょうさい》が代表的である。神宮祭祀としては、毎年十月に新穀を神々にお供えする神嘗祭《かんなめさい》などであるが、二十年に一度の大神嘗祭は、社殿や宝物などのすべてを新たにする式年遷宮として日本を代表する祭事である。諸社祭祀としては、葵祭として有名な賀茂社の賀茂祭、諏訪大社の御柱祭などそれぞれの神社に奉られる神々に対する祭祀が行われている。

また「まつり」において、カミを招き、その恩恵に対する感謝の気持ちを表し、歓待慰撫するために欠かせないものが、神饌《しんせん》と芸能である。新鮮な飲食などをお供えし、雅楽や神楽などを奉納するのである。

「楽」という字義は、柄のある手鈴に糸飾りがついた象形である。これを振って舞い、神々を楽しませるところからきた字である。楽しむとは、自分のための行為や想いを指す言葉ではない。

神霊に供物をし、拝して現れを待つ。したがって、祭りは季節と生活の節目に行われるものが多いが、そこには儀式に加え、供物、奉納である芸能、すなわちエンターテイメントとしてのパフォーマンスが必ずセットされて実施される仕組みになっている。

しかし、本来的な意味合いの「マツ」の意味にこそ私たちが理解すべき言意があることに変わりはない。

そのときの来るのを待つ意味の「待つ」の字義は、尊者の傍で止まって（かしこまって）居ること、侍する意から待つになったのである。この意を込めて、山に常緑の姿をして止まり、来るのを待つように見える樹木を「まつ」と呼び、神事に欠かせないのが松となる。

カミ

超越した力、私たちが「まつ」対象である「カミ」とは何か。しつらいについての本著において、私は宗教としての神道を論じるつもりも力量もない。なにより私は、神道を他の一連の宗教の一つとしては捉えてはいない。関心を向けるのは、神道が、武道や茶道や華道と同様に、「道」を称せしめた日本人の世界観にある。神道には、仏教やキリスト教のような経典などの教本に値するものがない。それゆえに、捉え方もかかわり方も、そして伝え方にも多様さを許容する背景がある。時代や状況によってさまざまな解釈や運用が行われ、新たな価値とともにそのときどきを映した形姿が生まれるのも必定となる。ただ一つ、変わらぬものは言葉を超えた何かしらのものを伝えるための「まつりこと」を行い続けることである。

日本という国土は豊かな自然に恵まれているが、それゆえに日々の暮らしに自然は否応なくともに生きる存在として現れかかわってくる。そこには人知を超えた力があることも自ずと然りとなる。身の回りのすべての自然、万物に尋常ではない力が宿り、偉大なる存在として現れるコトを日々の生活の中で体感し、知っているのである。その超越的なるモノを宿した自然に「カミ」を見るところにすべての行いのはじまりを感じているのである。

では、そもそも「カミ」とは何か。「カミ」とは、「一般に人知の及ばぬ霊的存在でその神秘的な働きをもって人に畏敬の念を抱かしめる対象」（神道史大辞典）であり、「人間を超越した威力をもつ、かくれた存在。人知を以ってはかることのできない能力をもち、人類が禍福を降ろすと考えられる威霊。人間が畏怖し、また信仰の対象とするもの」(広辞苑)とあるように、「神秘な力をもつ神聖なもの」(字訓)である。

日本人にとっては身近で馴染みのよい感覚でもある森羅万象に、愛着とともに畏敬畏怖の念を抱いている存在を「カミ」と呼んでいるように思われる。分類にもいろいろあり、この特定の物と結びついたカミを「精霊」、大国主命のような人格的な個別性をもったカミを「神祇」、雷や病魔のような物から切り離れたカミを「霊鬼」、そして氏族の先祖を祀った「氏神」に分けて定義することもあるが、原則的には、神々を「自然神」と「文化神」に分けて考える立場を基本としておきたい。この場合の自然神は、山や海や巨木などの自然物や水や火などの自然現象が対象であるが、蛇や鹿などの動物や竜などの架空の生き物も含まれ、文化神は、社会単位を対象にするものとして同族神(氏租神)や道祖神(アズミ・アツミ・アサカ・アド・ケヒ・キヒ・ヒキ)などがあるほか、職能神として漁労の戎神(恵比須)や学問の天神(天満宮)なども含まれる。

また、「神」と「上」の音韻と語義が未分化であり同語源であったとする説や古語の「神」が、「隠れる」意味であった「クム」からの派生と、奥まったところを意味する同類語の「クマ」に、「シモ(下)」の対義語である「ウヘ(上)」を意味する「カミ(上)」とも相まって、「奥深くへだたって見えないところ」を意味する「カミ」なる言葉を用いてきたようである。これは私が個人的に納得している解釈であるが、「カ(彼)」は指示代名詞の「コ(此)」の対義語であり、彼岸と此岸という世界イメージにも用いられるように、「カ」という身の内からは遠く離れた存在を指す言葉に、敬虔なる念を込めた「み(御)」を付与して用いられたのではないかと感じている。

漢字の「神」の語源は、電光の屈折して走る雷の形「申」であり、「示」は祭卓の形である。いずれにせよ、あて字である漢字の「神」も「上」は別の語源字意をもつものであり、解釈の深読みに意義はないと考えている。確認すべきは、本居宣長《もとおりのりなが》が定義しているように、「鳥獣木草のたぐひ海山など 其余何にまれ 尋常ならず優れたる徳のありて 可畏き物を迦微《かみ》とは云なり」（古事記伝）であろう。

そして、それが自然であれ人間であれ超越的な存在としての力を有するものとして畏敬の念を抱き、その存在を認めているのであれば、それらが善悪を問わず「カミ」であるかぎり、私たちは「カミ」と良好な関係をとろうと心がけるのは当然である。見えない存在のままでは、願いも感謝も含めかかわりがもてないのである。

この善悪の両面を指し示すものに、「和魂《にぎみたま》」と「荒魂《あらみたま》」がある。「荒魂」は、荒々しく破壊的な行動も示すが、祀ることによって柔和となり人間を守護するとされている。

浮遊し不可視な状態の神々ではかかわることができず、その力は発揮されることも慰撫されることもできないのである。そこで、万象に宿る不可視の霊性を招き、饗宴をもって歓待慰撫して神威を高めるマツリが必要となるのである。

万象に宿る不可視の霊性のうち、特にその霊威を畏怖してカミ（神霊）と特定することは、すなわち「まつり」することであり、その意味で「かみ」と「まつり」とは不即不離の関係にある。

ハレとケ

日本に「まつり」が多く存在することは周知のことである。「まつり」が非日常的な出来事であることも自明である。すなわち、日本人の生活には、日常とは異なる状態を定期的に差し込む習慣があるということになる。この日常と非日常の関係性を「ケ・ハレ」と称する。日本人の伝統的を超越した習性的な世界観の一つである。ハレ（晴れ、霽れ）とは、儀礼や祭事などの「非日常」であり、ケ（褻）は「日常」の生活を指している。しかし、非日常なものが「ハレ」というわけではない。

「ケ」は、「ケガス」意もあり、漢字では、きたなくよごし清浄を損なうことを意味する「穢、汚」や、常に身に着けている下着を意味する「褻」で表す。しかし、ケという音から発想する漢字に「気」がある。普段はキと発音するが、カともケとも音が変化しながら同様の意味を発している。香りの「カ」は、醸造を意味する「ヲリ」と組み合わされて、醸し出された気を意味する。また、気が這う状態をケハイと言い、気配はあて字である。物の怪（モノノケ）の怪（ケ）しは、不可解であやしいものを指している。「ケ」は、ものの内部から外に立ち現れるものであり、内なる精気が外に発する様子のことである。また、「ケ」に「食」の字をあて、食べるものを指すこともある。あさげ、ゆふげのように、今日でも用いられる用語である。また、「笥」の字もあてるが、これは物を入れる容器としての意味であり、食に用いるものを指す言葉であった。すなわち、「ケ」は生命を養うものであり、精気の根源たるものを広く指すとともに、日常のモノを総称していたのであろう。

普段着を「褻衣（ケゴロモ）」といい、特別な日に着る「晴着（ハレギ）」と対をなす。

ここで、つけ加えておかねばならないのは、ケとハレは、俗と聖の二項対立的な概念として理解すべきものではないことである。このケはハレに対する日常であって、決して日常が汚れていることを指しているわけではない。ケは日常の気であるから、日々の日常の気が充満し、身の回りのいたるところに籠もっていくことによって万物の精気も隠れていく。汚れているわけではないが、活力の衰弱は否めない。それらの籠もった気（ケ）をお払いによって精気を取り戻すことが定期的に必要となるのである。「払（ハラ）ふ」ことによって、現れてくる状態がハレであるから、晴（ハレ）やかになるとは、精気を取り戻すことを意味している。いずれにせよ、ハレの場においては、衣食住や振る舞いから言葉遣いなどまで、ケとは隔絶した状態をしつらえねばならない。

ハル（晴）とは雨雪などがやみ雲霧が消え空が広く見わたせる。明るく「開く」状態となることを指す語である。主として気象について使う言葉だったものを、平安期に入ってから名詞形の「ハレ」を「ケ」に対する心情についても使うようになったとされる。ことを開く日、事始の式日を「ハレの日」と言うようになったのである。

また、この一変する状態を表す「ハル」なる世界は、冬籠りを経て四季のはじまりを指す言葉の「春」にも、弓や網などを強く引き、広げ、緊張した状態の「張る」にも、語源の類似性は不明ながらも、「晴」と同様の世界を見ることができよう。

そして、生涯に一度しかないほどの大事な場面「晴れの舞台」に着用する「晴れ着」には、糊を張った折り目正しき礼服で挑む気構えが肝要となる。

ミソギ、ハラエ

神社に詣でるときに、習慣的に体感することは、その場が浄化された神域であるという安心感である。俗域の時空から分離された聖域との交流を覚えるはずである。

日本人は、割り箸を使う。誰かが使用した箸や茶碗を、それが洗い立ての家族のものであったとしても、気持ちよくは使えない。消毒による清潔さではない、独特の清浄さを求める体質が日本人にはあるということである。物質的ではない汚れを「ケガレ」と称しており、それにあたる。箸は自然木からの恵である。

日常に活力ある「ケ(気)」が蔓延していることに対して、ケガレは、気の枯れ(または離れ)を意味する言葉である。「気」そのものがなくなっている状態を指す言葉であるから穢れの字が相応しい。かなり強い力で払い清め身を削ぎ、気を取り戻さなければならなくなる。「ケハレナク」とはケがハレなくということなので、「いつも」のことである。「ケ」は、不浄(不常)ではなく常のことである。普通の生活をしていて「ケガレ」になることはない。

取り返しがつかない罪、人間社会の秩序を乱し、犯した者に対して、「ケガレ」が適応される。人々が必要となったときに必要とされるのが、「禊ぎ(ミソギ)」の神事である。

「禊ぎ(ミソギ)」とは、身体を洗い漱《すす》ぐことで、身に憑いた罪穢れを取り除き清めることの意である。「禊ぎ」

と「祓え」は、一連の行為と観念で捉えられているが、解釈によっては、「ケガレ」は「ミソギ」で浄化できるが、罪は「祓え」が必要とされる。この場合の「ケガレ」は、神道において忌まれる状態であり罪は人的行為によるものである。いずれにせよ、「ケガレ」は「まつり」に大きな影響を及ぼすものであり、参拝や祭祀に先立って行わなければならない。

「ミソギ」は、もともとは「みそき」と清音で言われていたもので、みそぎ（身滌）の意であるから、身体を水中にすっかり浸して振り濯《そそ》ぐことにより新しい威力ある魂を密着させ、純粋無垢の状態に立ち返らせることを目的とする。すなわち「ミソギ」とは、清らかにするとともに生命の活力を呼び覚ますという二重の意味がある。

古事記伝には「美曾岐は、必ず水ノ辺に出てする」と記述するように、清らかな水辺は禊ぎには不可欠の場所となる。そこで、「ミソギ」のことを「しおかき、おしおい」などと呼ぶ地域では、祭祀の前段行事に海岸で海水に身を浸して心身の「ミソギ」を清める儀式を行っている。沐浴も一種の「ミソギ」となるのである。今日でも慣用句として使われている「水に流す」は、この「ミソギ」の習慣と思想からきているものである。

「ハラエ」とは、神道上において犯した天津罪・国津罪などの罪や穢れ、

災厄などの不浄を心身から取り除くための神事とされているが、今日では一般的に、人間、物品などに取りつく汚れを払う行為とされ、神前で行われる結婚式、葬式、地鎮祭などでの開式に際し、祭儀に使用する物品や参拝者の汚れを取り除く行事を指している。また、「ハラエ」は「ケガレ」を取り除くものではなく、「ケガレ」を忌避するものであるとの考えもある。

また、清らかであることが求められるのは人ばかりでない。「まつり」の場も清らかでなければならず、そのために境内地には鳥居を幾つも潜り、長く折れ曲がった参道を歩き、手水舎で心身を清め白砂を歩き、橋を渡り楼門を抜けて入るなどの幾つもの「隔たり」を経なければならない構成になっている。

ここでの「手水舎」は、参詣者が手や口を漱ぎ清めために清水を使う施設のことである。手水は、伊勢の神宮や賀茂社のように、聖域を訪れる河川の水や湧き水で身を清めるものである。

源平の争乱が続き疲弊した後鳥羽院の時代に、当時の賀茂社の神官の次男に生まれた鴨長明は、世の儚さを憂えて今の伏見日野に「方丈庵」を建て、方丈記を著した。その下賀茂社の境内入口の二の鳥居の脇には、御手洗川の流水を取り入れた「直澄《ただす》の水」のある手水舎があり詣でる人々を迎える。

ヨリシロ、ヒモロギ

日本の「まつり」に立ち木は欠かせない。姿かたちはそれぞれであるが、天に向かって伸びる柱木状の存在は、古来よりの特徴とされている。

神霊は物に寄りついて現れるという考えから、憑依《ひょうい》する依り代をしつらえ、一時の神霊の宿りの場とされるものである。

実態をもたず浮遊するカミなる存在にとって、神霊が拠り憑くモノは必要であり、紙垂《しで》を付けた丈の長い青竹や竿に通った幟など、祭場においても目立つ場所に取りつける。祭に取ってはもっとも重要な「しつらい」であり、神体や場合によっては神域を示す。

したがって、高い立ち木は、日本の祭には欠かせないアイテムなので「まつり」らしさを醸しだす演出装置にもなっている。

依り代としては、樹木や岩石などの自然物と柱や幟や御幣などの人工の舗設、しつらえものがある。

古代よりの民俗信仰においても祭りのたびに供物を捧げ、依り代にカミなるものをお迎えする風習があるが、神道においては祝詞を奏上し歌舞音曲を演じ感謝を表している。カミの降臨する対象は自然の山や森や岩石などの聖域であったとされるが、モノに宿る観念と山里から離れたまちでの祭礼が増えるようになり、人工の舗設物にカミが降臨する形式が生まれ、祭事には樹木などの依り代をもうけるようになったのではないだろうか。

この依り代が「まつり」にとって、もっとも大事なものであるので、自ずと造形意匠にはこだわりを見ることができ、この依り代の形状や装飾は地域の人々の風習や好みを色濃く反映して多様な姿を現している。よって、地域文化の特質を現す民俗芸術としても捉えることができる。

今日では恒常施設としての社殿をもうけ、その本殿にご神体を納めて常住する形式をとっている神社が多い。しかし、ご神体は御霊代と称され、鏡や剣や玉などを礼拝の対象であり神霊が宿る物とするが、物自体に宿っているものではなく、依り代であることには変わりない。また、樹木や岩石などの御神体に祠や社をもうけている例も多く、神霊が依る三輪山をご神体とし、拝殿から仰ぐ大神《おおみわ》神社のように本殿をもたない神社も数多く存在している。

巨石や巨木などには注連縄を張り巡らせて、その霊性を崇める風景は各地で身近に親しまれている古い形式である。自然石などをそのまま利用したり、手を加えて斎場にした場合を「磐境《いわさか》」といい、神座となる岩石を「磐座《いわくら》」という。この「磐座」や、樹木に降臨する喬木《きょうぼく》を拝む「神籬《ひもろぎ》」は依り代を象徴するものであるが、そういった霊代《たましろ》として奉る習慣は、日本人特有の柱信仰や注連縄の聖域観を培っているのであろう。

また、依り代の概念は幅広く、磐座や神籬のような形式にかぎらず、神札やお守りなども含めると、依り代は身近な生活に多様な姿で流布しているといえる。

また、神楽での舞人や巫女が手に榊や剣や御幣などをもって舞うのも、採物《とりもの》に神霊が宿る神の依り代、憑依体《ひょういたい》として振る舞っているのである。

「神籬《ひもろぎ》」とは、古代より見られるもので、臨時にもうけられる祭祀の施設。現在では、青竹、榊などを四隅に立て、注連縄を四角に廻し中央に榊を立てて、これに幣を取りつけて神の依り代とし、神を迎え祭りをする対象としている。また、下部に荒薦《あらこも》を敷きその上に八脚案を置き、さらに四隅と中央に柱を立て枠を組んでこれに注連縄を張り、榊を立て神籬とするものもある。

「ひもろぎ」の語源は、「ひ」は神霊、「もろ」は天下るの意の「あもる」が転じたものであり、「き」は木の意である。神霊が天下る木、神の依り代となる木の意味である。「籬《まがき》」とは竹やしばを荒く編んだ垣根のことである。また、榊は常緑の常磐木《ときわき》を用いる。

その中でも特に古い歴史を有するものに、上賀茂神社での御阿礼神事での「御阿礼所」がある。そこでは青葉で方形を囲み、その中央からおやすま木の出るものをしつらえるものである。

常緑樹は用いない依り代としては、伊勢の神宮にもうけられている「心御柱」、諏訪大社の御柱祭で立てられる「御柱《みはしら》」（オンバシラ）などが代表例としてあげられる。

ここでの形姿が「まつり」にとってもっとも重要な意匠だとすれば、ここに日本の文化、日本人の美意識の粋を覚えるのは至極当然のことと言え、今日においても変わらず多くの日本人を魅了し楽しませ継承されているのであろう。歴史遺産として伝統行事を保存しているのではなく、今日に生きる者として感動と安らぎを求められる完成度の高い造形とエンターテイメントのシステムである。

コトダマ

かつて、日本では「こと（言）」と「こと（事）」には区別がなかった。古来、日本人は「言」と「事」との区別を基本的にはつけていなかった。「言」はそのまま「事」になり、言葉に発して言えば必ずそれは実現するという考えをもっていたということである。「気を付けて」と、言葉をかければ現実になるとしてきた。言葉には特別な霊力があることを日本人は古代より信じてきた歴史がある。言霊、または事霊《ことだま》思想の定着である。「言霊《ことだま》」とは、言葉に内包された霊力のことであるが、言葉を口から発することによって生まれる霊力のことも指すところに、言葉と空間構成との深いかかわりが生まれてくる。

言霊信仰は万葉の時代には定着されていたとされるが、今日でも吉日には縁起の良い言葉を使い、不吉なことを連想させる忌詞《いみことば》は避ける慣習など、語呂あわせは残っている。

空間構成に、言葉は関係ないと思うかも知れない。しかし、ここまでに述べていた説明からも想像できるように、日本の空間づくりに言葉の意味やかかわりは大きい。文字ではなく、特に意味作用に広がりがあるやまと言葉が発する音の意味や響きが、気持ちや行為を決定づけているのである。

まつりに際して神前で唱える独自の文体と格調をもった言葉が祝詞《のりと》であるが、もともとは神霊が乗り移り神懸かりになった者から生みだされる言葉であった。

祝の字をあてるのは、神に奏して祝福するという意味とそれを行う人「祝《ほおり》」という意味があることからも、行動が読み取れる。

　ノリトの語義には、ノリは呪的に重大な発言をする宣言の意の「宣り」、トは呪的な行為や物につける接尾語の意と解釈されているので、祝言を指しているという解釈に加え、馬に乗る調子に乗るという意や、祈りにも通じるような言葉である。「祝詞《のりと》」には、言葉自体で何かを伝達しようとする「宣説言《のりときごと》」と、言葉は宿る場所「宣《の》り処《どころ》」とする解釈があるが言葉に力を見ていることには違いはない。

　祝詞は、祭儀が最高潮に達した時点で、人が神に向かって誠意のかぎりをつくして述べ上げる言葉なので、懇切丁寧な表現をとるのは当然のことらしい。

　この発した言葉に霊が宿る言霊思想は、神霊が何らかのものに宿る「依り代」と同類のものとも言える。

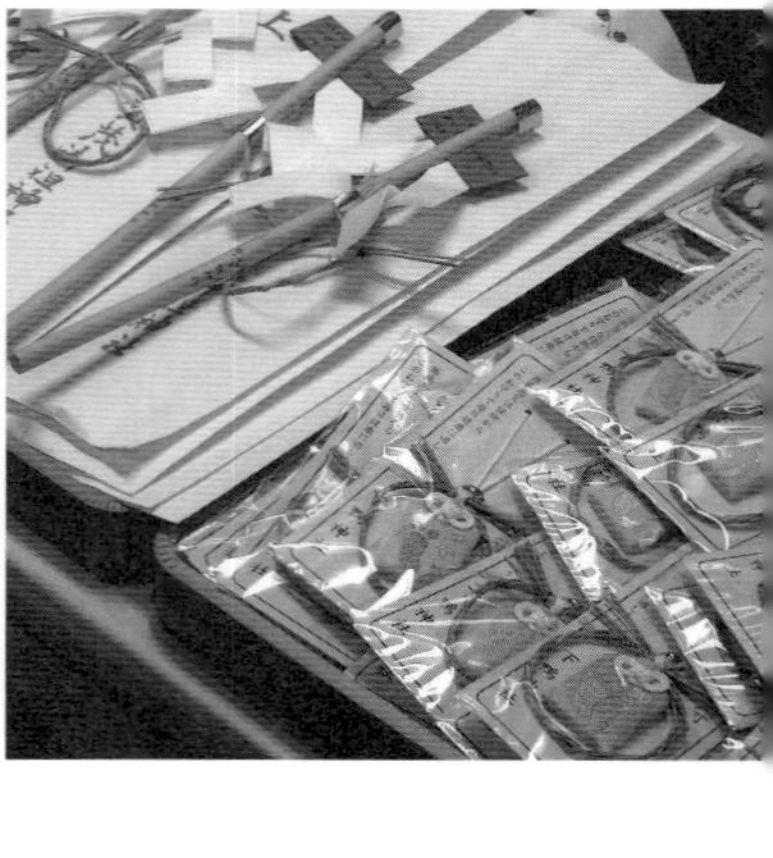

神札や御祓守は神霊や祝詞などの言葉を記した「依り代」であり、形状は茅ノ輪や斎串など、神霊や祭礼の「見立て」も多い。また祈禱木などに願いを記したり、祝詞を奏上したり、「言霊」による願掛けは日常的である。

ミタテ

「見立て」は、和歌、俳諧、戯作、能、歌舞伎、茶の湯、いけばな、作庭など、特定の芸術分野にかぎらず、あらゆる表現世界において頻繁に使用されてきた用語である。生活の中にも浸透し、類似性や写しなどのレトリカルな手法を指す用語として定着している。

神社には、鳥居にはじまり絵馬やお札など、見立てに相当するものによってのみ構成されているといっても言いすぎではないモノに囲われている。そこで、改めて「見立て」の意味を見直しておきたい。

「見立て」とは、そもそもどのよう場面で使用されたか。『古事記』では「其の島に天降り坐して　天の御柱を見立て　八尋殿《やしろ》を見立てたまひき」、『日本書紀』では「八尋之殿を化作《みた》つ　又天柱を化竪《みた》つ」とあり、実際に立てたと解釈することもできるであろうが、天なる御柱に見なして立てたと解釈すべきであろう。用語としては、見送り、見て選び定めること、なぞらえることであるが、あるものを「そのものと見なす」ことであり、神道的な背景がある言葉の始原から鑑みると、広く一般的に使用されている。しかし、「見立て」なる用語には、隠喩や暗喩などの修辞法と同類の技法として処理するものではなく、そこには現実を超越したモノへの祝福の意味とともに感謝と讃美の意味が備わっているものと解釈したい。

なぜならば、日本的なる表現の多くは、リアリティの再現を求めていはいない。すでに記述した通りであるが、俗性を内包する現実には、ケガレに近い不浄を感じるのであり、祭りを節々に行い、ハレなるモノを求め、忌むものを遠ざける性質がある。

そして、そこには暗黙の了解のように潜んでいる表現の掟があるように思っている。それは、そこに「生き」ているモノが在ることを覚える何らかの気を感じることを感じているからである。

「いけばな」が花材を使って何らかのモティーフをアレンジしてつくっているのではなく、そこには花本来のモノが生きていなければないように、見立てには「いき」が不可欠と考えている。

「いき」「いく」は、「生き」と「息」または「気」と漢字をあてるように、意味は同根である。生命あるものは息、呼吸をするものであるから、「いく」は「いき」の働きによるものである。また「いか」には疑問の意が含まれ、状態は「いかが」「いかに」など、程度は「いくつ」「いくばく」、時は「いつ」、方向は「いづ」「いづへ」と言い、「いかし」には内部の激しい力が外に激しく現れることをいう。「いかめし」「いかる」「いかづち」など、「いか」には生命観を伝える音が生きている。

「いき」系統の漢字にあてた「生」は、草木が生成する様を形象したものであるが、「茂《いか》し」を用いた例も多くある。見立てるとき、そこに潜む神霊を生かせるか否かが日本的なる造形の真骨頂と考えている。

第二章

京都、しつらいの空間美

しつらいの空間

賀茂のやしろ

京《みやこ》と賀茂社

京の都は、東山・北山・西山に囲まれ、東の鴨川と西の桂川に挟まれた穏やかな平地にあり、南に開かれた盆地にある。延暦十三年（七九四年）、桓武天皇によりこの地に定められ遷都された平安京は、たび重なる川の氾濫や大火消失などに加え、政治的争乱により区画整理された条理の過半は消えている。地勢レベルでの変化は少ない盆地でもある。

平安京の都市的発展と安定は、鴨川と桂川の間の妨げのない平地に建設されたという利点もあるが、桂川は暴れ川であり、右京の湿地が改良されなかったことから平安京の都城は少しずつ東へと移動し、平安中期には中心であった朱雀大路でさえ廃れ、御所は東の端辺りまで移動するにいたった。今日まで残る碁盤目状の道路区画によって、平安京の残像を残せてはいるが、歴史環境は年々破壊され、まちの姿も急速に変化してきている。

しかし、このような環境下にあっても京都の姿はさらに日々刻々と変化していくものであるが、今もなお京都らしさを維持できており、平安遷都以前からの、京都の都市イメージをゆるぎないものにしている。古より姿を変えない山々と河川と古社の今日まで続くものはその姿にある。特に、変わらないものへの信仰が変わらないものを守ってきたのである。自然の記憶は自然を崇拝する信仰心が守ってきたゆえとも言えるのである。

この山と川と古社と都市との関係をもっとも強くかつ古より保持しているのが、賀茂社と賀茂社の祭り、賀茂祭（通称、葵祭）である。ここで、賀茂社と都との関係について述べておくことにする。

賀茂社とは、加茂川沿いに建立された下上二社、賀茂御祖神社と賀茂別雷神社の総称である。通称、前者を鴨社、下賀茂社、下鴨神社、後者を賀茂社、上賀茂社、上賀茂神社と称する。古くは京都（当時は山城の国）北部の賀茂氏族の氏神としてまつられ、西部の秦氏の氏神である松尾社（松尾大社）と南部の稲荷社（伏見稲荷大社）とともに古代山城国での三大信仰圏を形成するほどの影響力をもっていた神社である。

上社は別雷命を祭神とし、下社はその母神にあたる玉依媛命とその父神にあたる建角身命を祭神としている。両者は家族関係によって結びついている。京都盆地の最北部に位置する賀茂別雷神社は、そのご神体である神山を北上に配する場所に建立されており、都の守り神としては最適の場所と言える。御所が大火により消失した折にはこの神社に天皇も身を寄せるほどに皇室とも深い関係であったこともうなずける。まずは、賀茂社といえば現在の上社であり、下社は摂社としての位置づけであった。

平安時代、朝廷から奉幣を受ける神社が二十二社あった。それは、伊勢、石清水、賀茂、松尾、平野、稲荷、春日、大原野、大神、石上、大和、広瀬、竜田、住吉、日吉、梅宮、吉田、広田、祇園、北野、丹生、貴船である。伊勢の神宮以外はすべて畿内の神社であるが、特に重視されたのは伊勢、石清水、賀茂神社であり、三社奉幣が行われていた。

賀茂社の社伝には神武天皇との関係が起源とされるが、欽明天皇の代に賀茂祭に繋がるまつりがはじまり、平安遷都にあたり桓武天皇が七九四年に行幸した後、歴代の行幸は恒例となり、朝廷からの崇敬は格別に篤く、皇都鎮護の神社となるとともに山城国一宮になった。八〇六年には賀茂祭は勅祭に定められ、翌年には正一位（神階）を受けている。その後、この正一位を受けた神社は多いが、明治に制定された神祇制度においても、全国の官幣大社の筆頭に位置づけられるなど社格は常に首位である。また、嵯峨天皇の代に皇女有智子内親王が初代の斎王になりはじまった斎院制度は、伊勢神宮の斎宮に倣ったものであるが、伊勢神宮と賀茂社のみで行われた制度であり、皇室との深い関係を物語れるものである。

この下上賀茂社であるが、発生時は一社、上賀茂社であったとされる。平安遷都以前のことであるが、下社の成立は、鴨禰宜白髪氏が司ることになる天平末年（七四〇年）ごろとされ、七八一年には正史にも賀茂社は上下二社として表記されるようになり、今日にいたっている。

桓武天皇が平安京に都を遷都したとき、平安京内（洛陽）に寺院建設の計画はなかった。奈良時代に強大化した仏教勢力への反省があったのであろう。京の都は、遷都の目的であった国風文化の萌芽を成功させ、育み培う場として今日にいたるまでその責を担っている。

賀茂社の空間

ミヤ、ヤシロ

平安時代以来、二つの賀茂社を併記するとき、「賀茂下上二社」と記すのが慣例となっている。これは、上社のご神体の親神が下社という理由ではなく、勅祭である賀茂祭（葵祭）によるところが大きいようである。賀茂祭での巡行経路において、斎王の参拝と勅使の奏上は下社を先にする順序となっている。賀茂祭の格式の高さは斎王制度をもっているところからも判断できるが、伊勢の神宮での勅使の参拝順路は外宮を先にする「外宮先祭」であるので、この順序は伊勢の神宮での参拝形式に合わせたものと考えられる。

賀茂祭での斎王行列は、御所から下社、上社へと巡行する経路をたどる。この祭事については第三章において述べるので、祭事が行われる神社・斎場空間について整理しておきたい。

神社は、神々を奉るために建てられた恒常的な施設を指している。多くの神社には、共通する形式がある。境内には、神が鎮座する本殿、または拝殿、神聖な領域を現す瑞垣、参拝者の心身を清める手水舎、聖域への門を意味する鳥居などが配され、鎮守の森と称される自然の樹木によって俗世間からは隔絶される清浄さが保たれている。日本のあちこちで見られる神社の姿である。

今日では「やしろ（社）」も「みや（宮）」も同じように扱っているが、平安時代ごろまでは区別されていた。「社」と「杜」は、モリと読まれ、初期の神社では、森に囲まれた聖地自体もヤシロになり得る場所であり、そこでつくられる施設は原則的に仮設であり、恒常施設である意味を示す言葉ではなかったように思える。これに対し「みや（宮）」は、祭りの執行にあたって祭儀時のみの施設として建てた仮屋《やしろ》が、常設化していったモノに対する名称である。「みや」は建物を意味する「や」に敬称の「み」を付加した言葉であるので、漢字表記では「御屋」とすべき語意である。この「やしろ」が常設化した理由は定かでないが、祭礼が制度化されていくにつれ祭儀の回数が増えていき、その都度しつらえていた「やしろ」が常設化していったことは容易に想像できる。さらに、飛鳥時代から建設されていく寺院の壮大さに対抗する必要もあったであろう。

賀茂社の祭礼は、かつて山城国と称された豊かな自然の中で賀茂氏の氏神「まつり」として執り行われた。境内地は、神聖な領域であるので、日常の生活空間からは隔たりが必要となり、玉垣などの柵を設け、入口には鳥居を立てる。参道を歩きながら幾つかの鳥居を潜り、上下を促しながら境内奥に入っていく。そこには身を清める手水舎や拝殿などの建造物が建ち、祭りのための庭を鎮守の森が囲んでいる。

全国に数多くある神社に共通する形式ながら、賀茂社には神社のあるべき姿を特化した形で見ることができる。まずは、賀茂社が二社によって形成されている点である。賀茂川沿いの南北に離れて奉られており、この両社へ参拝することが賀茂祭の目的となっている。「路頭の儀」の賀茂祭の人気場面も賀茂川沿いを歩く斎王代や女官たちの優美さである。しかし、この二社での空間構成はまったくと言ってよいほど異なる。

次に、境内地の構成である。下社の参道は、一の鳥居の入口から鬱蒼と茂る落葉樹の「糺の森」の中を一

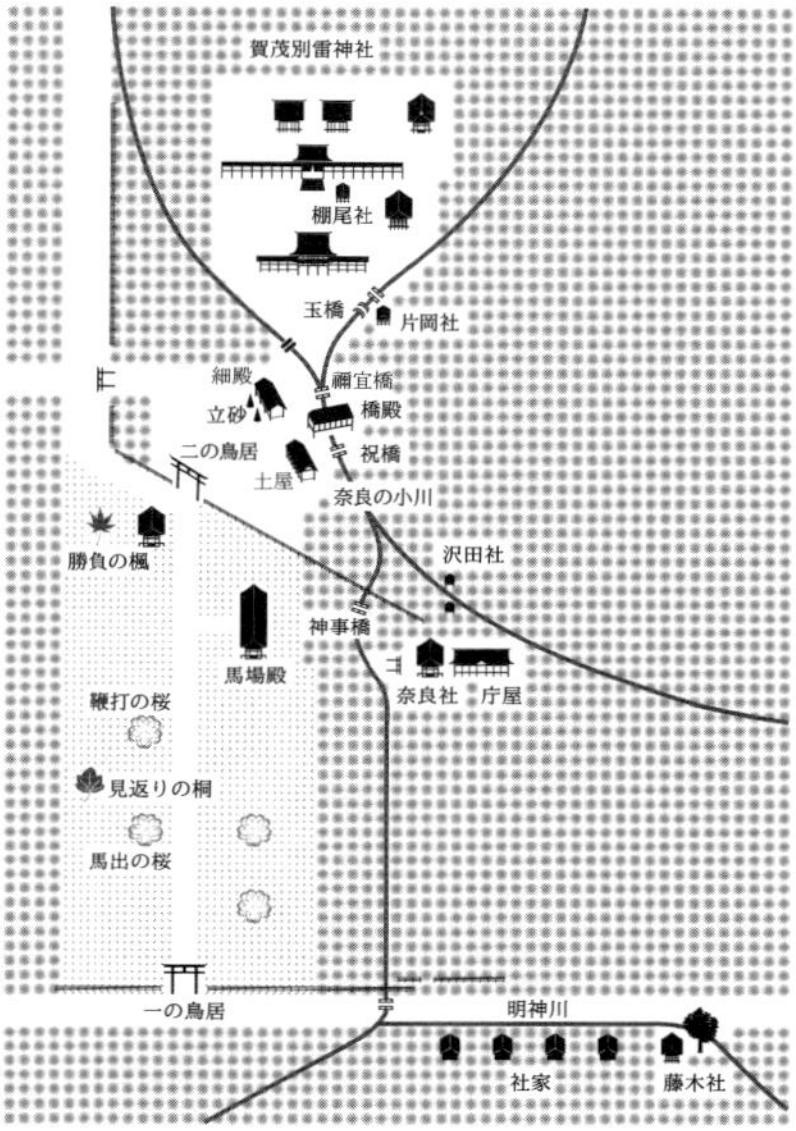

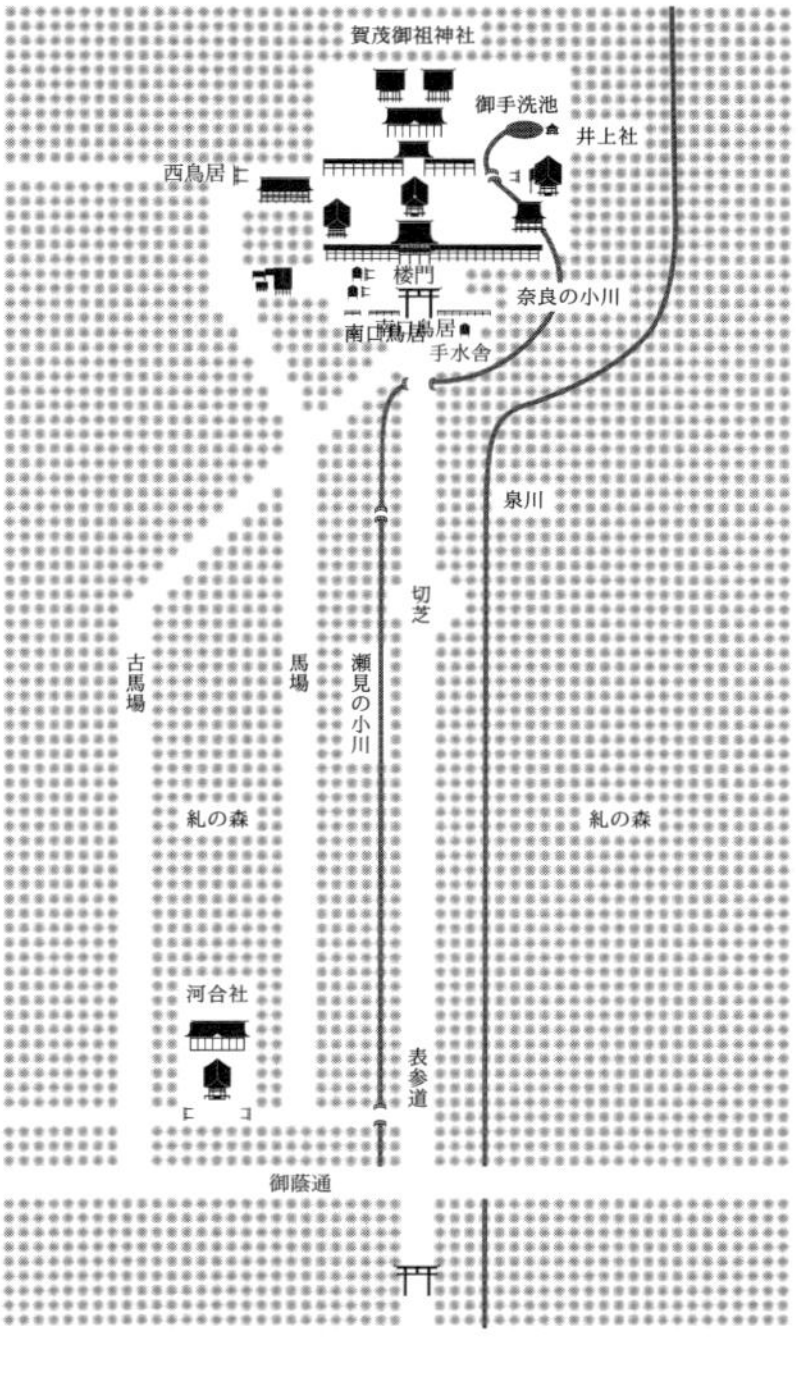

直線に歩き、二の鳥居は、しばらく歩かないと見えない。夏でもほとんど直射日光は入らないほどに木々に覆われた参道なのである。それに対し上社の参道は、一の鳥居から二の鳥居まで光を遮る樹木などはなく、芝の広場が広がるのみである。この眼に見える陰と陽の明確な対称的な構成は、日本の神社に抱く一般的なイメージである「境内広場」と「鎮守の森」を代表するものである。両社ともに「走馬の儀」を行うが、下社では閉ざされた森の中に、上社では開かれた広場にしつらいを施すのである。

賀茂別雷《かもわけいかづち》神社

上賀茂神社

賀茂川を遡った上流域、神山《こうやま》の麓に鎮座するのが賀茂別雷神社、通称上賀茂神社は、賀茂川と高野川の合流点に位置する賀茂御祖神社とともに賀茂社と呼ばれ、最盛期には広大なる社領を有し、伊勢の神宮を除けば第一位の社格をもって人々に信奉されてきた古社である。

今でこそ、社領は境内主要部分と御神体である神山一帯のみに縮小されてしまったが、それでもなおその規模は大きく、境内には数多くの社殿が残されている。そのうち最深部に祀られている本殿と権殿の二棟が国宝に指定され、またそれらを取り囲む三十四棟の社殿群が重要文化財に指定されている。祭神とされる賀茂別雷神は、葛城山の峰から山代国に移った賀茂建角身命《かもたけつぬみのみこと》の娘・玉依比売命《たまよりひめのみこと》と山代の乙訓《おとくに》社の火雷神《ほのいかずちのかみ》との間に生まれた若き雷神であったと伝える。

桓武天皇が都を京都に移して以来、上賀茂神社は皇城鎮護の神、鬼門の守り神、総地主の神として崇められ、また厄を払い災難を除く厄よけ明神、落雷除けの守護神として広く庶民の信仰を集めてきた。『延喜式』では明神大社に列せられ、のちに山城国一の宮として尊崇されている。

境内社殿《けいだいしゃでん》

賀茂別雷命が祀られている賀茂別雷神社本殿は、江戸末期の文久三年（一八六三年）に再建されたものである。国宝建造物としては比較的新しい建物だが、これは平安時代中期の長元九年（一〇三六年）、朝廷により式年遷宮が定められ、以来二十一年ごとに社殿を建て替えてきたためである。賀茂御祖神社でも同様の定めがあり、その本殿もまた、同じく文久三年（一八六三年）に造替されたものである。明治時代に入ると文化財の概念が生まれ、以降は屋根の葺き替えや補修に代えて式年遷宮としている。本殿の西隣には、本殿と同規模、同様式の権殿が存在するが、これは式年遷宮で本殿を建て替えるときなどに、神を一時的に遷しておくための仮殿であり、これもまた本殿と同時期に造替されている。

賀茂別雷神社本殿と権殿の建築様式は、三間社《さんげんしゃ》（桁行が三間の神社建築）の流造《ながれづくり》（平入の屋根前方が庇のように長く延びた神社建築）、屋根は檜皮で葺かれている。これは、賀茂御祖神社に鎮座する二棟の本殿とほぼ同じ様式である。ただし、賀茂御祖神社の本殿は高欄と階段の部分が朱漆で塗られているのに対し、賀茂別雷神社の本殿はすべての部材が何も塗らず、素木のままであるという違いがある。また、どちらの神社の本殿も、正面三間のうち中央間に木扉が設けられ、その左右両脇間は羽目板の板壁であるが、賀茂別雷神社の本殿と権殿は、左間の羽目板に金色の獅子が、右間の羽目板には銀色の狛犬が、それぞれ色鮮やかに描かれている。

賀茂別雷神社の本殿、権殿、およびそれらに付属する取合廊下は、前述の通り文久三年（一八六三年）の造替時に再建されたものである。それら以外、本殿の手前に構えられている四脚中門や渡廊下、それらへと続く楼門や、その脇から伸びる回廊、二の鳥居付近に建つ細殿や橋殿などの各種社殿群、加えて同じ境内に鎮座する新宮神社、片岡神社などの摂社は、いずれも本殿より早い時期である江戸時代前期、寛永五年（一六二八年）年ごろに建てられたものである。そのほとんどは重要文化財に指定されている。上賀茂神社の中枢域に、複雑かつ密集して配されているこれらの建造物群は、上賀茂神社ならではの清浄な神域景観を見事に創りだしている。

鳥《とり》居《い》

一般に鳥居は、神に鶏を供えるときの止まり木、すなわち鶏居であると解されているが、表記や語源については諸説があって一定していない。『和名抄《わみょうしょう》』『伊呂波《いろは》字類抄』などには「鶏栖」と表記し、鳥の居る所と説明している。また「通り入り」「止処（トマリキ）」の意などとも説明されるが、いずれも確証はない。中国の華表《かひょう》を「トリイ」と訓《よ》み、わが国の鳥居と同意に解することもあるが、鳥居と華表は同じものではない。鳥居の起源は外来説と在来説とに分けられるが、現在のところどちらかに確定することはできない。形式からすれば、わが国の鳥居に似たものはインド（ストゥーパの前に立つトラーナ）、中国（牌楼《ぱいろう》や前出の華表）、韓国（紅箭《こうせん》門）などにもあるが、それがそのままもたらされたものとは到底考えにくい。

わが国では天照大神《あまてらすおおみかみ》が岩屋に籠《こも》られたとき、岩戸の前に木を立て鶏を止まらせて鳴かせたのが鳥居のはじまりであると言い、一説に天稚彦《あめわかひこ》の門前の湯《ゆ》津杜木《つかつら》に無名雉《ななしきじ》が止まり居ることを鳥居の起源とするなどの説もみられるが、いずれも根拠のあることではない。

かんなび

神奈備　神山《こうやま》

神聖な森や山など、神々の鎮まる場所が「かんなび」である。神隠《かみなび》の意であり、形の整った山や良水が湧き出る森など、神の降臨する場所を指し、聖地として扱ってきた。山を祭祀の対象とする神体山には大神神社の三輪山、春日大社の御蓋山《みかさやま》、日吉大社の八王子山などが著名である。

上賀茂神社のご神体は、神社の北北西二・五キロにある標高三〇一メートルの「神山」である。神山は椀を伏せたような秀麗な山で、古来、祭神が天下った甘南備として賀茂信仰の原点になっている霊峰である。

天武天皇六年（六七八年）、賀茂別雷神が降臨されたとされており、山頂から少し下がった平坦なところにある幅五メートル、縦二メートル、高さ二メートルほどの巨石が「磐座《いわくら》」とされている。また、巨岩が環状に並ぶ珪石の「垂跡《すい》石《じゃく》」（降臨石）があるとされる。いずれも禁足地なので立ち入れない。

この神山に対しては、賀茂祭（葵祭）に先立つ五月十二日の夜、上賀茂神社の御《み》阿礼《あれ》神事が行われ、神山から神霊を迎えて本殿のご神体に神威を籠めている。現在、社に近い丸山（一五三メートル）の御阿礼所に御休間木《おやすまぎ》をもうけて行われている。

立砂《たてずな》

神社に聖域を現わすものは多いが、下社にはない形がある。本殿をはじめ境内の主要な社殿の前にある一対の「立砂」である。もっとも大きいものは細殿前にあり、二の鳥居前で拝礼すれば眼に飛び込む位置にある。白い砂を盛り立てた二つの円錐形である。

「盛り砂」は、儀式や貴人を迎えるときなどに、入口付近の左右に砂を盛り、場を清めるしつらいであるが、今日でも「斎砂《いみすな》」と称し鬼門とか不浄門に撒いて清める習慣も残っている。「清めの砂」は「立砂」信仰からはじまっているとされる。砂を盛った「立砂」が印象的であるが、この一対の砂盛りには、その頂上に松葉が挿《さ》さっている。これは、降臨の目印となるのであるが、この形式は神道に潜む神と人との交流の原点を最小限の形で表したものであろう。

大地の力を盛り上げて「やま（山）」をつくり、その上に「ほこ（矛）」を立てる。この形式は「まつり」の「しつらえ」ものには欠かせないものとしてさまざまな場面に現れている。京都の祇園祭をはじめとして全国の多くの祭礼で現れる山車に見られる「山鉾」の形状である。神を導き場を清める「立砂」信仰は、神道に欠かせぬ「しつらえ」である。

なら《奈良》《楢》の小川

風そよぐ　ならの小川の夕暮れは
みそぎぞ夏の　しるしなりける

藤原家隆

上賀茂神社の夏越大祓は古来より連綿と続く祭事で、「小倉百人一首」の中にも詠まれている。

ならの小川は、本殿西側を流れる御手洗川《みたらしがわ》と、東側を流れる御物忌川《おものいがわ》と合流した川であり、五月四日に行われる、葵祭の斎王代の「御禊《ぎょけい》」を斎行する川でもある。

楼門の前の御物忌川に架かる朱色の反り橋は「玉橋」と呼称され、重要文化財に指定されていて神事の際に神官がわたるだけで一般の人はわたれない。玉橋の下を流れる川を御物忌川と言い、本殿の西側に流れる御手洗川と合流して「なら（楢）の小川」となり、境外に流れ明神川となる。その玉橋の横に玉依比売命を奉る摂社の片山御子神社（片岡社）がある。

社家町《しゃけ》

賀茂社は、賀茂県主の一族が代々にわたり祭っていた。賀茂は古代神話よりはじまる地名である。神武天皇が紀州熊野から大和に入る際、八咫烏として先導した賀茂建角身命を祖とする賀茂氏一族の居住地を指し、この一族が山城北部に定着して、この地域一帯を開拓した古代豪族だと言われている。また県主とは、律令制以前の行政単位を指す名称であるが、この場合は職名から転化を想像させる姓である。

その賀茂県主の氏族が住んでいたのが社家町であり、上社の境内から東南側一帯の門前へと流れでる明神川に沿って東西約六五〇メートル、南北約三百メートルの範囲に町並みを形成している。

社家とは、世襲的に神社に奉仕する神職家のことであり、社家衆、社司家とも言う。伊勢の神宮をはじめ、古社、名社には必ずと言ってよいほど社家が存在し、この社家町も、賀

茂氏族の子孫にかぎられていた神官の多くが居住していた町であった。神職世襲制は明治四年（一八七一年）に廃止され、今では農家や町屋も社家の住居に集まっているが、伝統的な佇まいの街並みは今日でも見ることができる。

清水が流れる川に架けられた石橋や土塀は風情があり、門構えは立派である。しかも、上賀茂神社の鳥居より高くならないように住居は二階建てにせず、建物はみな平屋か厨子二階で、土塀越しには緑に覆われた屋根しか見えない独特の景観を形成している。住居内部には、明神川の清水を引き入れた庭があり、神官たちはこの水で「ミソギ」を行い、上社に赴いていたと伝えられる。住居の玄関には鳥居型のまぐさがあり、内部はハレの座敷とケの生活空間とに分かれている。現在は、国の伝統的建造物群保存地区に指定されている。

祭礼

其の一・上賀茂神社

一月一日	午前五時	歳旦祭［本殿］
一月最初の卯の日	午前十時	初卯神事［本殿］
一月七日	午前十時	白馬奏覧神事［本殿前］
一月十四日	午後二時	御棚会神事［本殿］
一月十五日	午前十時	御粥神事［本殿］
一月十六日	午前十時半	武射神事［二の鳥居外の芝生］
二月節分の日	午前十時	節分祭［本殿］
二月第二子の日	午後二時	燃灯祭［神館］
二月二十四日	午前十一時〜十二時頃	さんやれ祭［上賀茂氏子地区
四月三日	午前十時	土解祭［細殿前ほか］
五月一日	午後一時頃	競馬会足汰式
五月五日	終日	競馬会神事
	午前九時半	菖蒲の根合わせの儀
	午前十時	本殿祭の儀
	午後二時	競馳

五月初旬の休日	午前十時～十一時	斎王代禊（下社と隔年）［ならの小川］
五月十五日	終日	賀茂祭（葵祭）
	午前十時半	京都御所進発　路頭の儀
	午前十一時四十分	下鴨社到着　社頭の儀
	午後二時十分	下鴨社進発　路頭の儀
	午後三時半	上賀茂社到着　社頭の儀
六月三十日	午後八時	夏越祓［橋殿］
七月一日	午前十時	御戸代会神事［本殿］
	午後一時	賀茂御戸代能［北神饌所（庁屋）］
六月三十日	午後八時	夏越祓［橋殿］
七月一日	午前十時	御戸代会神事［本殿］
	午後一時	賀茂御戸代能［北神饌所（庁屋）］
九月九日	午前十時	重陽神事［本殿］
	午前十一時	烏相撲［細殿前］
九月中旬	不定	馬まつり［土屋］
十一月十三日	午前十時	相嘗祭［本殿］
十一月二十三日	午前十時	新嘗祭
十二月三十一日	午後四時	大祓式・除夜祭［橋殿・ならの小川］

賀《か》茂《も》御《み》祖《おや》神社

下鴨神社

山城国『風土記』などに、玉依媛命が鴨川で禊《みそぎ》(身を清める儀式)をされているときに、上流より流れ来た丹塗の矢を拾われて床に置かれたところ、矢は美しい男神になられ結婚された。そしてお子をお生みになったとの神話が伝えられている。古くから縁結、子育ての神さまとして信仰されている。下鴨神社は、国家国民の安穏と世界平和をご祈願する守護神であるとともに、厄除、縁結、安産、子育、交通安全など人々の暮らしを守る神さまとされる。

山城国『風土記』や賀茂神社縁起(賀茂伝説)などによると、玉依媛命(タマヨリヒメ、同ビメ)は、「タマヨリ」の神名が「神霊の依り代」を意味しており、霊《たま》が依り憑《つ》く、神霊を宿す女性・巫子とされる。『古事記』では玉依毘売命、『日本書紀』玉依姫尊と表わされるが、名は固有名詞ではなく、多くの神話・古事記に登場するが、それぞれ別の女神・女性を指している。先に記したごとく、賀茂別雷命を懐妊したのは、玉依媛命であるが玉依比売(タマヨリヒメ)とも表される。

また『古事記』『日本書紀』には、賀茂建角身命を金鵄《きんし》八《や》咫《た》烏《がらす》として表わされた功績が伝えられている通り、お導びきの神としての御神徳がある。御子神、玉依媛命は、『風土記』に御神威として、婦道の守護神として縁結び、安産、育児等に、また水を司られる神として著しい御神徳があると記されている。

糺《ただす》の森《もり》

「直澄」の杜

糺の森は下鴨神社の境内に広がる原生林である。かつて京都に平安京が置かれた時代には約四九五万平方メートルの広さがあったが、応仁の乱など京都を舞台とする中世の戦乱や、明治時代初期の上知令による寺社領の没収などを経て、現在の面積まで減少した。特に文明二年(一四七〇年)六月十四日に応仁の乱の兵火を被った糺の森は、このときに総面積の約七割を焼失している。

糺の森は、一帯が山城国(山代国・山背国)と呼ばれていたころの植物相をおおむねとどめている原生林であり、ケヤキやエノキなどニレ科の落葉樹を中心に、約四十種・四七百本の樹木が生育している。森は賀茂川と高野川に挟まれるように広がり、南北に細長い。林床を縫ってこれらの川に注ぐ数本の清流があり、周辺には水辺を好む植物も茂る。古くは『源氏物語』や『枕草子』に謳われ、今なお親林の場、憩いの場として人々に憩いを提供する史跡である。

森を流れる小川は四つあり、それぞれ御手洗川・泉川・奈良の小川・瀬見の小川と名づけられている。御手洗川は湧水のある御手洗池を水源としている。糺の森の東側を流れる泉川は高野川の支流である。奈良の小川は御手洗川に泉川の流れの一部が合流したもので、賀茂川の支流である瀬見の小川に取り込まれて糺の森の中央を流れる。

「糺の森」の「ただす」が何に由来するのかという点については諸説ある。「偽りを糺す」の意とするほか、賀茂川と高野川の合流点であることに起因しての「只洲」、清水の湧き出ることからの「直澄」、多多須玉依姫の神名に由来する、などの諸説がある。ほかに、木嶋坐天照御魂神社（蚕の社）にある「元糺の池」、およびその周辺の「元糺の森」から遷された名前であるという意見もある。

御《み》手《た》洗《らし》川

御手洗池から流れ出た水は「御手洗川」と呼ばれ南へ下る。橋殿の下をくぐり南下し、本殿を出て「奈良の小川」と名前を変える。かつては周囲にナラの林があり奈良殿と言われる社殿が建っていたという。祭神の奈良殿神は、御供え物・器を祀る神である。

川は、無社殿神地の舩島《ふなしま》の周囲を一周して流れる。奈良の小川は南下し西へ向かう。表参道に架かる奈良殿橋からは「瀬見の小川」（鴨川の支流）として亀島の周囲を一回りし糺の森を南に流れ下る。下賀茂入口の河合神社東を経て鴨川に合流している。

かつて自噴していたという御手洗池では、多くの神事が執り行われている。井上社を奉っているが、この湧水も一九五〇年代に絶えたため、現在は井戸から水を汲み上げている。近年、奈良の小川の南に、復元された「古の奈良の小川」（平安期流路）が、東より西へ引かれ奈良の小川に合流している。

御蔭神社《みかげ》

この地は古くから賀茂の神が出現されたところと伝え、御生山《みあれやま》と呼ばれる。この伝説にちなんで社殿には玉依比売命《たまよりひめのみこと》と賀茂健角身命《かものたけつぬみのみこと》が奉られており、下鴨神社の摂社となっている。

御蔭神社は、賀茂御祖神社《かもみおやじんじゃ》の境外摂社で、祭神は、もちろん本宮と同じく玉依姫命と、その父神の賀茂建角身命である。そして、この神社は、賀茂御祖神社の祭神の荒御魂《あらみたま》（御生したばかりの神霊）を祈祀する特別な摂社とされている。御蔭神社のある御生山《みあれやま》は、比叡山の南山麓の八瀬にあって「東山三十六峰」の第二番目の山になっている。（三十六峰の第一番は比叡山）「御生《みあれ》」というのは神の誕生や降臨の意味で、御生山の神社の社地は、太古に賀茂御祖神社の大神が降臨した神聖な場所と伝えられる。 神社の紀元は不明ではあるが、この地は、古代から山背北部豪族の祭祀の中心地だったと考えられており、付近には今も数々の遺跡が存在する。さらに、天武天皇六年（六七七年）に山背國司が造営したと伝えられる賀茂神宮は、下鴨神社ではないかという説がある。また、御生山は、太陽のただ射す所の意から「御蔭山《みかげやま》」とも呼ばれていた。平安時代の右大臣・藤原実資の日記「小右記」の寛仁二年（一〇一八年）十一月二十五日の条にも、「鴨皇大御神、天降り給ふ。小野里、大原、御蔭山なり」と記されており、この聖地にちなんで、御蔭神社となったと考えられる。また、現在の社殿は、元禄六年（一六九三年）、本宮（賀茂御祖神社）の式年遷宮の際に造替されたものであるが、それ以前までは現在の本殿の北東の麓、高野川沿いに鎮座しており、たび重なる地震や洪水に遭って社殿が埋没したため現在の地に動座したと言われる。

御蔭神社は、「京都の三大祭」の一つとして知られる賀茂御祖神社と賀茂別雷神社の例祭「葵祭（賀茂祭）」においても重要な役割をになっている。「葵祭（賀茂祭）」に先だつ、五月十二日に、御蔭神社から神霊を本宮の賀茂御祖神社（下鴨神社）へ迎える神事が行われている。これが「御蔭祭《みかげまつり》」であり、かつては「御生神事《みあれしんじ》」と呼ばれていた。

祭礼

其の二・下鴨神社

一月一日	午前六時	歳旦祭［本殿］
一月四日	午後一時三十分	蹴鞠初め［楼門前］
一月第二月曜日	午前十時	成人祭［本殿］
	午前十一時	初えと祭［言社］
一月十五日	午前十時	御粥祭［本殿］
二月節分の日	午前十時～	節分祭・追儺弓神事［舞殿・楼門前］
二月十一日	午前十時	紀元祭（建国記念祭）［本殿］
二月十七日	午前十時	記念祭（土解祭）［本殿］
三月三日	午前九時半～正午	雛祭　雛流し神事［御手洗池］
五月三日	午後一時	流鏑馬神事［馬場］
五月初旬の休日	午前十時～十一時	斎王代御禊（上社と隔年）［御手洗池］
五月五日	午前十一時	歩射神事［楼門前の祭庭］
五月十二日	終日	御蔭祭
	午前九時	勧盃の儀　神宝渡し　於・舞殿
	午前九時半	行粧進発
	正午	御生神事（未公開）　於・御蔭神社
	午後一時	路次祭　於・波爾社（赤の宮）

	午後三時半	神馬遷御　於・河合社
	午後四時	切芝神事　於・糺の森切芝
	午後五時	本宮の儀
五月十四日	午前・午後十一時半	びわ湖堅田供御人行列・奉献式　[本殿]
五月十五日	終日	賀茂祭(葵祭)
五月立夏日	午前八時	更衣祭　[本殿]
七月土用丑の日	午前五時半〜午前〇時	御手洗祭(足つけ神事)　[御手洗池]
八月一日	午前十一時	零璽社例祭　[印璽社]
八月立秋の前夜	午後六時半	夏越神事(矢取りの神事)　[御手洗池]
九月九日	午前十一時	結納祭　[相生社]
九月中旬	不定	馬まつり　[細殿]
九月仲秋の名月	午後五時半	名月管弦祭　[舞殿・橋殿]
九月　日時不定	時間不定	印章祈願祭(古印章清祓式)　[本殿・印璽社]
十月九日	午後一時	大国祭　[言社橋殿]
十月十七日	午前十時	神嘗祭　[本殿]
十一月立冬日	午前十時	更衣祭　[本殿]
十一月二十三日	午前十時	新嘗祭　[本殿]
十二月十二日	午前十時	御薬酒若水神事　[大炊殿]
十二月十三日	午前十一時	縁結び祭(相生祭)　[相生社]
十二月三十一日	午後四時	大祓式・除夜祭　[御手洗池南庭]

第三章

しつらいの祭礼

葵祭の空間美

御《み》阿《あ》礼《れ》神事

葵祭としては巡行「路頭の儀」が注目されるが、その中心となる神事が、大祭の三日前の夜に行われる「御阿礼神事」である。御阿礼（御生・ミアレ）とは神が生まれること、すなわち上社の御神・賀茂別雷神の誕生を意味する。御阿礼神事は、毎年十二日の夜、火を灯さない暗闇の中で行われる秘儀である。

ミアレ神事は、両社ともに五月十二日に、下社では「御蔭祭」として、上社では「御《み》阿《あ》礼《れ》祭」として執り行われている。ともに賀茂の神々の神霊を迎えて、両社にとどまり、本祭を見守る祭礼（祭儀・神事）である。

ミアレは、かつて神山に設けた御生所で行われていたとされるが、現在の斎場は、上社の北西八百メートルほどの近いところにある丸山の南麓「御阿礼所」（御生所）に、巨大な神籬《ひもろぎ》をつくっている。この神籬は、紙垂をつけた榊の阿礼木五本を立て、南に松の丸太二本の「御休間木《おやまぎ》」を扇形に突きだしたものである。正面には二つの立砂をもうけ、この阿礼木に神の降臨を乞う神事が行われている。

この依代である阿礼木は、神官によって本宮に御幸「榊御幸」し、新宮神社など所定の順路を廻った後に、中門脇の棚尾社に二本、東切芝内の遙拝所（頓所・場所不明）に三本が立てられ、「榊御幸」を終了する。「榊御幸」が終了すれば明かりも灯され、本宮と片山御子《かたやまみこ》神社（片岡社）に葵桂が献じられ、祝詞が奏上され、本宮神座の扉を閉めて神事は終わる。

また片山御子神社は上賀茂本宮の第一摂社でもあり、賀茂別雷神社の御祭神の母神である玉依媛命（玉依比売命）を祀っている。とりわけ賀茂族の中でも最高位の女神として祭祀された方であり、上賀茂神社の祭礼では最初に執り行われる社である。また片山社は古より一般の人々の間にも「縁結びの祭神」として知られており、かの紫式部も和歌を献納して、今にその歌碑を見ることができる。

ほととぎす　声まつほどは　片岡の　もりのしづくに　立ちやぬまれし

（新古今和歌集・第三巻　夏歌）紫式部

かつて、御生所には「神舘《こうだち》」と称する仮設の場がもうけられ、そこに禊ぎを済ませた斎王が一夜をすごしている。降臨儀礼の後の神婚儀礼とされ、斎王派遣以前からの神事であろう。

御阿礼神事で生まれた御子・賀茂別雷神の誕生を祝うのが賀茂祭（葵祭）であろうから、この儀礼において神を迎える女性が「斎王（斎院・イツキノミヤ、イワイノミヤ、阿礼乎止女・アレオトメ）」であり、下社の御神（タマヨリヒメ）を意味する。この斎王が、神婚儀礼にかかわったことは、斎王だった後白河天皇の皇女・式子内親王の和歌「斎院に侍れるとき 神舘にて 忘れめや あふひの草をひき結び かりねののべのつゆの曙」（新古今集）などからも推察されている。

また賀茂別雷神社の祭事（祭礼・祭儀）に際して、御奉仕する役割を果した「（斎子《いむこ》）」と言われる少女たちの存在があった。

御蔭祭《みかげまつり》

葵祭の前儀として下社において行われる御蔭祭（御蔭神事）は、葵祭の歴史よりもはるかに古く、二千数百年前にはじまった御生（ミアレ）神事を始源とする祭祀とされる。

御蔭祭は、下社の祭神・賀茂別雷神が出現したと言われる比叡山麓の御生山、あるいは御蔭山（京都市左京区上高野）と呼ばれる山に降りた祭神の荒御魂《あらみたま》を、下社の和御魂《にぎみたま》と一体化し、祭神の甦りを行う重要な神事である。荒御魂は、天変地異を起こしたり疫病を流行らせたりする神の荒々しさであり、和御魂は作物の実りなどをもたらす神の恵や御加護のことである。それゆえに、荒御魂には怒りを鎮めるために、古来より供物を捧げ儀式や祭祀を執り行ってきたのである。

また「荒魂」は、その荒々しさのゆえに、力強く若々しい活動的なエネルギーを内包した「新魂《あらたま》」に通じると言われているので、この神事は「御生された荒魂（新しく生まれた新魂）」を迎えて、賀茂の神様に若返っていただく、という意味をもつのである。

起源は飛鳥時代、綏靖《すいぜい》天皇の時代（前五八一－五四九年）と伝えられ、文献での初出は一四四三年とされる。明治時代の神社祭祀法制化以前は、「御生《みあれ》神事」である。古代より賀茂氏による祭祀ともとの氏祖神の祭を現している。

旧暦四月の午の日、下社での「歓盃の儀」、「樹下神事」、「本宮進発の儀」を経て行粧《ぎょうそう》を整え、御蔭山へ神職や氏子からなる行粧は進発し、下社の摂社・御蔭神社を目指す「神幸行粧」が行われる。御蔭神社は、かつて高野川沿いにあったとされるが、社殿が江戸時代にたびたびあった風水害や地震などにより埋没するなど被害を受けていたため、その神地から天保六年（一八三五年）に現在の地へ遷座したとされる。

御蔭神社に到着後は、「御蔭山の儀」を行い、御蔭山の山麓の船繋ぎ岩（磐座）での「御生神事」を経て、御蔭山の麓を巡る神おろしの神事、神領内総社神前での「路次祭」を行う。かつての行粧は往復路を徒歩で巡行していたようであるが、現在は大部分を車で移動している。

「路次祭」としては、先ず賀茂波爾《かもはに》神社（赤の宮神社）に立ち寄り、神事、舞人の「還城楽《けんじょうらく》」が舞われる。この後、再び行粧し河合神社に参向する。到着後は、神霊櫃を白馬の神馬《じんめ》に移す「神馬に遷御の儀」が行われる。馬の背の鞍は、「東山天皇御奉納の鞍」と言われ、鞍は錦蓋《きんがい》で覆われ、その上に神鳥の鸞鳥《らんちょう》という鳳凰の一種で、羽毛は赤色の想像上の鳥が載る。鳴き声は、錦蓋の鈴の音と和するとされる。

ここからの行粧は、遷御の行粧とされ、糺の森の参道奥の切芝へと進み、そこで「切芝行粧《きりしばぎょうしょう》」が行われる。

切芝神事《きりしば》

御蔭神社で下社の祭神である玉依姫命とその父にあたる賀茂建角身命の荒御魂を、下社の和御魂と一体化し、祭神の甦りを行う重要な神事「御蔭祭」の重要な神事である。また、この神事は御霊が神馬に乗られる古代の信仰形態を今に伝える最古の神幸列と言われている。御蔭神社からの行粧が糺の森の切芝に到着して執り行うのが、芝挿神事《しばさしのしんじ》、あるいは切芝神事《きりしばのしんじ》と称される神事である。

古代から森林を祭祀場とする切芝神事は、御生された御神霊を神馬の背に移御し、御神前で御祭神のご来歴、風俗歌三代詠《さんだいえ》を奏上するのと、忌子《いむこ》（童形）御杖を奉持し、先導す参道の中ほどにある「切芝」（祭祀場）で神馬は幄《あく》に引き入れられる。その前で神を歓待するための「三代詠」、「東游《あずまあそび》」などの舞楽が奉納される。東游は、雅楽の国風歌舞《くにぶりのうたまい》に分類される組曲であり、外来音楽の影響を受ける前から日本にあったとされる日本古来の舞とされる。

この切芝は、かつては古馬場の延長線上にあったので、多少の違いはあるが、現在でも杜で執り行われていた古代祭祀を偲ばせる環境である。

さらに、切芝に列立し「還立《かえりだち》の儀」を行い、本殿までの「還立行粧《かえりだちぎょうそう》」を行う。幣殿において「本宮の儀」が行われ「御蔭祭」を終える。神霊櫃から「御生木」が移され、下鴨神社本宮殿内に荒御魂は迎えられ、賀茂祭の当日を迎え待つのである。

御蔭祭の葵桂に飾られた境内には鉾や幟も立ち並び、その中を「本宮の儀」へと神馬の列は向かう。

御禊《みそぎ》の儀

現在では、葵祭本祭（五月十五日）を前に、斎王代が流水で身を清める儀式として行われるが、平安時代には「賀茂斎院の制」にもとづき、斎王が前日に賀茂川において斎院御禊《さいいんごけい》として行われていた。賀茂社の「賀茂斎院の制」は、弘仁元年（八一〇年）四月に、嵯峨天皇の勅願により伊勢に倣って第八皇女有智子《うちこ》内親王を奉られたのがはじめである。これを定めたことにより、伊勢を「斎宮」、賀茂を「斎院」として区別することにいたった。

宮中では、古来神への崇敬の念を表す行為の一つとして、未婚の皇女を神の御杖代として差し遣わされており、この皇女が「斎王」と称され祭事に奉仕していた。はじめは伊勢の神宮のみであったが、次いで賀茂の大神に奉られたと記録されるので、賀茂社への崇敬の念の厚さが偲ばれる。

斎院は「さいいん」または「いつきのみや」とも言い、嵯峨天皇以後、天皇ご即位の都度に内親王が卜定《ぼくじょう》され、天皇が譲位・崩御された際には、退下するのが習しとなった。ただし、第十六代選子内親王は、五代・五十七年間勤められるなど、伊勢の斎宮のように必ずしも代替りごとに交代というわけではなかったとも言われている。

斎王であるが、まず卜定されると参議以上の殿上人《てんじょうひと》を勅使として差し遣わされ、賀茂両社に祭事の由を奉告し、御所内の一所に初斎院と言われる居所をもうける。そこで三年間は日々潔斎し、毎月朔日には賀茂の大神を遥拝する生活を送る。三年を経て旧暦の四月上旬の吉日に野宮（紫野に設けられたので「紫野院《むらさきのいん》」とも言われた）院に入り、賀茂の河原にて御禊を行っていた。ここまでの潔斎が行われてはじめて祭事への奉仕が許されたのである。

この院は、現在の京都市上京区大宮通盧山寺西北社横町の「櫟谷七野《いちいだにななの》神社」あたりにあったとされ、その施設は、内院と外院からなる二重構造であり、内院には斎王の寝殿や賀茂両社の神を祀る神殿等があり、外院には事務等を担当する斎院司や蔵人所が置かれ、長官以下官人、内侍、女嬬《にょじゅ》等が仕えたとされる。

斎院の制度は、鎌倉時代初期の土御門天皇の御代に卜定された後鳥羽天皇の第二皇女禮子内親王を最後に絶え、再び置かれていない。したがって、賀茂に斎院の置かれた期間は弘仁元年（八一〇年）から建暦二年（一二一二年）の約四百年間であり、斎王は三十五代に及んだのである。

今日の制度は、斎王に代わる「斎王代」を中心とする女人列として昭和三一年（一九五六年）に復興され、これに伴い、賀茂祭の当日に先立つ午または未の日に、紫野の院より賀茂川の河原に赴かれて行われた「御禊」も復興している。「御禊」の場所は、現在は賀茂両社にて毎年交互に斎行している。

また、「御禊」が行われる上社での「ならの小川」と下社での「御手洗川」では、今日、雛人形を流すという行事も行われている。名称は、上社では「雛流し」、下社では「京流しびな」として催されている。この行事の起源は、平安時代に、貴族の女性が行っていた『ひいなあそび（人形遊び）』に由来するものであり、人形《ひとがた》に穢れを移して、川に流していたものである。

つまり、現在のような豪華な人形の飾りつけでお祝いをする『雛祭』は後年であり、雛祭の起源も、穢れを祓うための儀式であったものである。

葵祭《あおいまつり》

「葵祭」と広く親しまれている『賀茂祭』は、賀茂社、すなわち賀茂別雷神社（上賀茂神社）と賀茂御祖神社（下鴨神社）の例祭として、今日では毎年五月十五日（古来は、四月第二の酉の日）に行われる祭事である。今日では、祇園祭・時代祭と並ぶ京都三大祭の一つとして知られるが、春日祭、石清水祭とならぶ日本三大勅祭であり、平安期より王朝美を極める祭事として知られている。特筆すべきは、賀茂祭は嵯峨天皇が伊勢の祭祀に準ずべしとの勅をだされ、伊勢の神宮以外では唯一「斎王制度」を有している祭礼に相応しく、皇城鎮護の勅祭として盛大であるのみならず典型的な行装と儀式であったことから、平安期の貴族の間では、単に「まつり」と言えば葵祭のことを指すほどの存在であったことである。また今日でも、比類なき華やかさと人気を誇るのは、斎王の代わり（斎王代）をもうけ、王朝美を体現できるほどに古式に則った儀礼を維持継承しているからであろう。

日本の美は、その特殊性ゆえに異国の人の眼を引き合いに紹介する例が多く、それらの引用手法に関しては疑義もあるが、建築およびデザイン関係者ならば誰もが知る「泣きたくなるほど美しい」と、桂離宮を称したことで有名なブルーノ・タウトは、日本に滞在した折に、今からちょうど八十年前に葵祭を訪れ、「傘の紙が光を透かすので実に美しい、御所のなかは誠に眼の驚きだ。（中略）白日裡のようである。この上もない眼の文化」（『ブルーノ・タウト日本雑記』篠田英雄訳、中央公論新社）と、その感動を書き記している。この手記から観覧した巡行に対し、眼前で繰り広げられた祭事とその美しさに、文化的至上さを捉えていたことは見逃せない。

賀茂での祭の起源は、賀茂氏進出以前からの土地神、産土神《うぶすながみ》への祀りであり、賀茂県主家を中心とした豊作祈願祭であろう。しかし、六世紀中葉の飛鳥時代、欽明天皇（五三九－五七一年）のころ、国中が天候不順により作物が実らず飢饉が続き疫病が流行した折、卜部伊吉若日子《うらべのいきわかひこ》が占ったところ、賀茂大神の祟りのためとされ、これを鎮めるために行われるようになったとされる。そこで四月吉日を選んで馬に鈴をつけ人は猪頭を被り、馬を乗り回して祭祀を行うと五穀も実り天下泰平になったことから、それ以後は乗馬がはじめられ、この祭が賀茂一族の祭から山背国（京都）全域の国祭としての広がりをもち発展している。「やましろ」は、古くは山代と言われ、七世紀には山背国という表記で国造りされた。地勢的なものでもあるが、国都のあった大和国から見て、山の裏側（反対側）の国という意味合いによることからでもある。かつて日本の地方行政区分だった律令制度によるもので、畿内地域に属していた証しでもある。

このような由緒ある歴史からみても、走馬は賀茂両社においては欠かせない行事である。平城天皇の大同元年（八〇六年）四月には官祭になり、その賑わいは『源氏物語』や『徒然草』などにも描かれているが、応仁元年（一四六七年）以降、二百年あまり中絶している。再興されたのは、江戸時代の東山天皇の元禄七年（一六九四年）四月である。この年に下社の「御影祭」も再興されている。しかし、旧儀による行粧までが復興したのは大正十五年（一九二六年）である。その後も、祭事や行粧（路頭の儀）の中止はあったようであるが、王朝の伝統は継承されてきたのである。祭儀は、宮中の儀（勅使発遣の儀）、路頭の儀、社頭の儀の三つからなるが、現在は路頭の儀と社頭の儀で行われている。

路頭の儀（行列）は、京都御所において勅使をはじめ検非違使、内蔵使、山城使、牛車、風流傘、斎王代など、

「路頭の儀」の風景

「社頭の儀」の風景

平安期の貴族姿で列をつくり出発する。総勢で約五百名、馬三十六頭、牛四頭、牛車二台、輿一台の優美な王朝行列は七百～八百メートルもの長さである。行列は、午前十時半に京都御所を出発し、午前中には下社で「社頭の儀」を行い、午後に再び行粧を整え、賀茂川を北上して上社へ向かい「社頭の儀」を行う。その道のりは実に二里(約八キロ)にも及び、まさに時代絵巻そのものであり、日本を代表する京都最大の年中行事となっている。

「社頭の儀」は、行列が上下両社に到着した際に各社頭で行われる儀式であり、勅使が御祭文を奏上し御幣物を奉納する。さらに平安調を偲ばせるみやびな雰囲気の中で、神馬の引き回し(牽馬)、舞人による「東游《あずまあそび》」の舞が奉納される。

さらに上社においては、一の鳥居前に到着した一行は、騎乗の者は下乗、斎王代《さいおうだい》は輿から降り、全員体勢を整え、白砂の参道を二之鳥居に向けて参進する。この参進の様子は、行列に加わっていた馬、牛車、輿などはないが、行列の全体像や全員の装束などがすべて観覧できる。全員が境内二の鳥居内の所定の位置に着座されるのを待って、最後に勅使の一行が参内し、橋殿上にて「社頭の儀」が執り行われ、儀式終了後、勅使一行は再び白砂の参道に戻り、御所舎にて、白砂参道で行われる賀茂馬の疾走「走馬の儀」を高覧ののち、主だった儀式はすべてが終りとなるのである。「走馬の儀」は、賀茂県主の子弟によって奉仕され、一の鳥居から二の鳥居前まで走り抜け、さらには北上して御生所まで一頭ずつ山駈をするものである。

「葵祭」と呼ばれるようになったのは、祭りの当日に御所内裏の御簾をはじめ、牛車、勅使、行列の人々の冠や装束、牛馬などすべての社殿や奉仕者を葵の葉を飾ることによる。正しくは二葉葵と桂であり、次のような賀茂社の縁起による。

神武天皇の先導をした賀茂建角身命《かもたけつぬみのみこと》の娘・玉依比売《たまよりひめ》（玉依日売）が火雷神《ほのいかづちのかみ》との間に、賀茂別雷命《かもわけいかづちのみこと》を生むのであるが、その玉依比売が、成長した賀茂別雷命に父は誰かと問うと、「天の神」と答え、天上へと上っていった。そして、玉依比売の夢に、賀茂別雷命が現れ、「葵楓《あおいかつら》の蔓をつくり、祭事に飾って待てば現れる」と告げ、その通りに営むと、神山《こうやま》に賀茂別雷命が降臨し、再会を果たした、という玉依比売命の神話に由来される。以来、葵祭（賀茂祭）にカツラ、フタバアオイの飾りを身に着けたとされる。

葵については「あふひ」の語源から、「あふ」は「会う」、「ひ」は神の力を表し、「神の力にあうこと」を意味しているとの説や、上社の祭神「別雷神《わけいかづち》」が生まれた御形山《みあれやま》に、双葉の葵が生じたとの故事による説もある。また、葵は水のきれいな所にだけ自生する植物であるからか、葵も桂も清浄の象徴とされており、神聖なる神事を象徴するしつらいとして最適な素材であったのであろう。さらに、葵は女性、桂は男性を象徴し、二つの植物が一つになることにより、神の御生《みあ》れを願うとされ、両性和合・子孫繁栄との説もある。

最後に、京都には葵の葉をつける祭がもう一つある。秦氏神でもある松尾大社の勅祭「松尾祭」である。松尾大社の神紋も二葉葵であり、祭儀においても葵が多く用いられることから「松尾の葵祭」とも称されている。平安遷都以降、皇城鎮護の神として「賀茂の厳神、松尾の猛霊」と称され、多大な崇敬を受けてきた古社である。かつて京都盆地において古代大和朝廷の名門豪族である賀茂氏と技術と経済力をもつ秦氏との間に結ばれたであろう姻戚関係も含め深い交流があったことは、それぞれの神社の縁起からも容易に想像できるが、推察の域をでない。しかし、二つの葵祭が平安の都を東西から鎮護していることは心にとどめておく必要があろう。

流鏑馬《やぶさめ》神事

「糺《ただす》の森」のしつらい

葵祭の無事を祈る前儀である「流鏑馬神事」は、毎年五月三日に下社の糺の森にて行われる。参道からは瀬見の小川に仕切られているが、森の広がりの中に直線上に伸びる四百メートルほどの馬場をしつらえるのである。馬場は時代によりコース位置が変わるが、これもしつらいとなる仮設の祭事ゆえのことである。

流鏑馬とは、馬を走らせながら、弓を放つと音がする鏑矢《かぶらや》を射ることであり、武家にとっては騎射の三物（他には笠懸と犬追物）と称され愛好された矢番の修練であるので、下社では、明治初年までは流鏑馬ではなく「騎射」と呼んでいたようである。

賀茂社と走馬の関係は深く、境内の糺の森からは古墳時代の馬具が出土しており、『日本書紀』によると雄略天皇即位の年（四五七年）に「騁射《うまゆみ》」を行ったと記されているところからしても、流鏑馬の形式以前から騎射をしていたことが推察できる。

　鎌倉時代からは武家の行事として流鏑馬が取り入れられ、各地で盛んに興行されているが、下社での「流鏑馬神事」では、射手の装束が公家と武家の二種類に分かれているところに特徴がある。最初の三馳は、神事として公家の装束で行う。これは伝統によって「騎射」と称し、作法や装束などは古来からの法式によって近衛府《このえのつかさ》の大将が長官となり、近衛府の将監《じょう》や将曹《さかん》、馬寮《めりょう》の助《すけ》や允《じょう》、あるいは神社の氏人により行われる。その後は、武家の狩装束で、流鏑馬を行うのである。そのときのかけ声「イン、ヨー（陰陽）」は共通するものの、矢も的の大きさなどは異なっている。

『続日本紀』には「文武天皇二年（六九八年）賀茂祭（葵祭）の日に民衆を集めて騎射を禁ず」と禁止令まで出されており、この祭事の有名さと見物人の多さを伺い知ることができるが、これほどの神事も、たびたび中絶している。再興したのは、昭和四八年に行われた下社での式年遷宮の記念行事としてであり、「流鏑馬神事」の名称はこの年からである。これより騎射の伝統を受け継いだ公卿の流鏑馬の保存を図るため、「糺の森流鏑馬神事等保存会」が結成され、小笹原流同門会の支援によって行われている。

競馬会神事《くらべうまえしんじ》

賀茂社と走馬の関係は深く、まず上社の神山に賀茂別雷大神が降臨された際に、ご神託により奥山の賢木を取り阿礼に立て、走馬を行い、葵楓の蘰を装って祭を行ったことにはじまるとされる。また、六世紀の欽明天皇の時代、日本国中が風水害に見舞われことが、賀茂大神の祟りであるとの占いにより、旧暦四月吉日に、馬に鈴を懸け人は猪頭をかぶり駆馳《くち》して盛大に祭りを行わせたことが賀茂祭の起こりであるとされ、平安遷都以前にまで遡ることができる。それゆえに、上社は日本における乗馬発祥の地と言われている。

競馬としての起源に関しては諸説あるが、『賀茂競馬《かもくらべうま》』として成立したのは、平安時代の堀河天皇寛治七年(一〇九三年)、「天下泰平」を勅願として宮中にて武徳殿の前庭において五月五日の端午の節句と翌日に執り行われていた競馬会の作法など一式を上社に移し、「十番《とつがい》の競馬」を奉納されたことにはじまったとの説もある。

いずれにせよ、鎌倉時代初期には確立された「賀茂競馬」は、

現在においてもほぼ古儀を踏襲された儀式競馬として奉仕され、平成二五年には、上社へ移されての競馬会として九二〇年の佳節を迎えている。

また、五月一日には、競馬会神事に先立ち、左右十組の組み合わせを決める「足汰《あしぞろえ》の儀」を行っている。

五月五日当日は、早朝より御神霊を馬場東の仮宮にお遷しする「頓宮遷御《とんぐうせんぎょ》の儀」、左右の乗尻が頓宮前に進み菖蒲でお屋根を葺き、菖蒲の長短大小を競う根合わせ「菖蒲根合せの儀」などの神事が行われる。そこから、乗尻は左右に分かれ、左方は打毬《たぎゅう》、右方は狛鉾《こまぼこ》の舞楽装束を着け、馬に乗って社頭に参進し、「本殿祭」に奉じる。乗尻が神前にて競馬必勝、安全を祈願する「乗尻奉幣の儀」を行い、次いで馬場にて順次「競馬会競馳《きょうち》の儀」を行う。

競馬は、芝上で行われ、出発地には「馬出しの桜（さあ出た桜）」が、決勝地には「勝負の楓（もうよい紅葉）」があるなど、要所要所に目印となる木が植えられている。

乗尻の意匠であるが、左方は狛桙《こまぼこ》の装束の赤い袍《ほう》を着ており、右方は打毬楽《だきゅうらく》の装束の黒い袍を着ている。これらは舞楽の衣裳であり、かつては競馬後に舞楽「蘭陵王（左舞）」と「納蘇利（右舞）」が奉納されていたことに由来する。

左方が勝ったときは太鼓が打たれ、右方が勝ったときは鉦が鳴らされる。また、東西の幄舎《あくしゃ》（トバリヤ）からは左方が勝ったときは朱の日の丸の、右方が勝ったときは白い日の丸の扇が差し出され、東西照らし合わせて審判に異存のない証とする。引き分けのときは、赤、白、二本の扇がともに出される。勝った騎者には白絹が与えられ、これを鞭の尖端に請けて頭上に打ち振って返す。

また特筆すべき行事は、六日、騎者二十人が貴布禰社《きふねしゃ》へ社参し、勝敗の仲直りするとされる。その貴布禰社は、古くから祈雨の神として信仰された水の神として信仰を集めている。中宮の結社《ゆいのやしろ》には、和泉式部による歌碑がある。

みたらし祭

土用の丑の日に下社の御手洗池に足をひたす「足つけ神事」がある。この祭りは、平安期のころには天災の激しい災禍や疫病の蔓延に際し、季節の変わり目に貴族たちはこぞって禊祓いして、罪、穢れを祓って無病息災を祈った風習に由来するものとされ、今日でも「御手洗祭」として広く親しまれている。穢れを祓い、疫病除け、安産にも効き目があると言われる。

この御手洗池は、古代より伝わる水源地の祭祀遺跡でもあり、現在でも葵祭での斎王代の禊ぎなど、重要な祭祀においてお祓いが行われる斎場であり、夏の土用になると清水が湧きでるとされる。

ここに祀られている御祀神は、川の早瀬の穢れを清める祓神・水神・瀧の神・河の神とされる瀬織津比売《せおりつひめの》命《みこと》である。池底の清水で洗われた小石は、カン虫封じ、歯固め、食べ初めの儀式の神石として信仰されている。

この社は、湧きでる井戸の上になので井上社《いのうえ》と名づけられているが、御手洗社と通称されている。また、湧き出る水泡をかたどった菓子が、今日にまで伝わる「みたらし団子」とされ井上社に供饌されている。

みたらし祭

ひとがたながし

夏越の大祓

一年に二季、大祓いがある。夏の終わり（新暦六月三〇日）に行う祓いを古くより夏越しの大祓いと称している。賀茂社は、御祭神の出現に重大な関係をもっているため、禊祓は厳粛に行われている。賀茂神社の夏越大祓は古来より連綿と続く祭事で、上社の様子を藤原家隆が「小倉百人一首」に詠っている。

当時、上社の夏越しは、都では欠かせない風物になっていたのであろう。今日では、神職が立砂前にもうけた茅輪《ちのわ》のくぐり初めをして、橋殿の上にてお祓いの行事を行い、その後、本殿にて祭事が執り行われる。茅輪は神職がくぐったあと、参拝者は「みな月の　なごしの祓へするひとは　ちとせのいのち　のぶといふなり」と心の中で唱えながら、くぐり抜けて行く。

病魔を追い払う呪力のある茅萱《ちかや》でつくった「知恵の輪くぐり」の後に行うのが「ひとがたながし」である。神事は境内が薄暗くなる八時ごろ、奈良の小川に架かる橋殿で行われる。神事の直前には橋殿を挟んで三列の斎串が川中に立てられる。禰宜橋の上流に一列、祝橋の下流に二列、一列十六本で計四十八本。氏子崇敬者より寄せられた人形《ひとがた》を中臣祓詞《なかとみのはらえのことば》の斉唱とともに、紙に描かれた一枚ずつを流していく。流し終えた後に、参拝者を祓い、ついで祓物としての木綿、麻布を引き裂いて投じる。

矢《や》取《と》りの神事

夏越神事

立秋の前夜、下社の御手洗池において、一年の厄を払い無病息災を祈る神事として行われるのが「矢取りの神事」である。

この神事は、御手洗池の中央に斎串《いぐし》を五十本立てて清める儀式である。これは、斎竹《いみだけ》と称されるものを四十八本八角形に立て、その中央には二本の斎矢《いみや》を立ておき、その斎串の輪に何万枚もの奉納された厄除けの人形を宮主が吹きかけてお祓いをしはじめると、裸になった氏子男子が一斉に御手洗池に飛び込んで斎串を奪い合うというお祓い儀式である。

賀茂御祖神社の御祭神、玉依媛命が川遊びの折に、一本の矢が流れ着き、それをもち帰って懐妊し、賀茂別雷神を生んだという故事に習っているとのことで、お祓いに必要な力を感じる神事である。すなわち、流鏑馬神事や葵祭での走馬の儀など、この神事の裸男が飛び込み競うのも、万物の根源である勢いの正気という大きな力がお祓いには必要なのである。

笠懸《かさがけ》神事

上社の切芝で行われる勇壮な行事に「笠懸神事」がある。笠懸とは、日本書紀にも登場する日本古来の弓馬術であるが、武技のほか、神事としても執り行われていたものである。上社では、建保二年（一二一四年）には王朝文化の庇護者であった後鳥羽上皇が笠懸を大々的に催したとされていたが、後鳥羽天皇が承久の変に破れて以降、長く途絶えていた。平成十七年に八百年ぶりに復活された。神社奉納としては全国唯一のものである。

笠懸は、神武天皇が騎射の稽古に被っていた笠に皮を貼って的にしたことを由来としている。宇田天皇の寛平元年（八八九年）に制定された弓馬礼法により騎射の三物（笠懸、流鏑馬、犬追物）と称されているが、弓馬練達の勇士でなければ到達できない究極の射法が笠懸とされる。疾走する馬上から的を射るもので、馬上から約五メートル離れた四十センチの四方の的を射る遠笠懸《とうかさがけ》と、地面低くに立てられた十数センチ四方の的を射る小笠懸《こかさがけ》とがある。笠掛としては全国でも珍しい女性の射手も騎乗する。

上社の笠懸では、武者装束姿の騎手が順番に南端から出発し、北端でUターンをして再度駆け抜け、その間に左右両側に設けた的に向けて矢を射るのである。現在、奉納するのは大日本弓馬会武田流弓馬道の人たちである。

競馬会神事（賀茂別雷神社）にて、乗尻は競馳（きょうち）に先立ち神事橋脇のならの小川に斎串（いぐし）を流して自祓する。

第四章

京都、しつらいの空間美

しつらいの位相

文化遺産の見え方

しつらいの現れ

◉移ろいの見立て

遠景にも近景にも、日本の日常には自然が当然としてあった。衣服を草木に染め、天地の恵みを食し、折々の季を詠み、風情に棲む。かつての日本人にとって暮らしとは、生を活かす日々の過ごしを指していた。自然のありようが意識するまでもなく見渡せ、一日一日の暮れを身に覚える中で暮らしていたのである。しかし、日本人の感性は自然との共生や倣《なら》いにとどまったわけではない。

国風文化に目覚めたころ、そこには寝殿造りと称する公家の住まいがあった。南には白砂が敷かれた広場に苑池を配し、一年を通して時節の旬を謡《うた》える植生を施していた。丸柱に板敷きの家屋には、几帳や屏風などの調度しか置かず、蔀戸《しとみど》を上げれば内簾《うちすだれ》や覆い御簾《みす》を懸けようとも、内と外の仕切りは質素で簡素なものであり無きに等しい暮し処であった。

兼好法師の言う「夏をむねとする」住まいの真意は、自然の風光を汲み、気色《けしき》に敬いを覚える暮らしの住《すみ》処《か》が、なによりの大事としたゆえにあろう。

ときが移り、武家が格式張った書院造りに池泉回遊《ちせんかいゆう》の社交庭を構えようとも、禅僧が不立文字《ふりゅうもんじ》の世界を石立てに写そうとも、洒落た数寄者《すきしゃ》が草庵と戯れる茶庭に侘びようとも、室内外のしつらえ調度とともに季節を彩る草花の凝らしが暮らしに消えることはなかった。万葉の歌に数多く詠まれた自然の姿は、日本人の歴史の中に描かれ親しまれた好みとして、広がり豊かな文化芸能の数々を芽生えさせ育んできたのである。

山川草木は、日本人にとっては必然の常であるが、その常緑は人知を超えた「榊」として自然への奉《まつ》りには不可欠な存在にも変様する。

伊勢での斎王は、祭のはじめに神籬として、太玉串と呼ばれる榊の枝に麻の繊維を付けたものを神宮の瑞垣門の前に立てていた。この形式は太古の昔から日本において習慣づけられていた常緑を通してのカミ信仰の現れであると理解できるが、なにより重要なのは、ここでの榊のごとき存在が、特化すべき場のしつらいには必要なことを、いつのころからか空間美の規範として私たちは倣い躾けられてきたと思えることである。そして、この世界観を生活に取り込み、日常での凝らしと彩りのしつらいとして発展したのが、日本固有の文化の代表としての「いけばな」である。

日本人は自然の移ろいに育まれながら暮らす中で、微細に変態する季にも価値の切り替わる節を捉え、折々の礼をつくす「まつりごと」を執り行ってきた。そして、その一つ一つの敬いが生活の躾けとして培い、さまざまな姿として今日にも伝わる数々のしつらいを生んできた。「まつり」は、時空を超えた移ろいとともに、その時その場のみに成立するさまざまな形姿を「美」として現してきており、毎年の繰り返しだとしても常に新鮮でなければならず、この新鮮さのためにもしつらいは仮設的な現れを必要としてきた。

◉しつらいの仕立て

しつらいには、室礼、鋪設、補理などの漢字をあてるが、やまと言葉としての「しつらい」の「為《し》」は「する」という意であり、「つらい」は「連れ合い」や「釣り合う」の意であるから、季節や時々の状況に相応しい設えを行うことである。

それぞれの時と場所と人々との関係に応じた行いを営むことがしつらいの本義である。

それゆえに、季節ごとに生活慣習毎にかかわる人ごとに、しつらいは異ならねばならない。土地に伝わる様式や、格式の異なる儀式に調和する設えは、さまざまな道具が必要となり、日本においては数多くの「しつらい」道具が作法とともに継承されている。

また、しつらいは特別な日のためのものだけでなく、日本家屋では室内を仕切ったり目隠しにする障屏具などのしつらい調度品は多い。この日常生活に不可欠な調度品も可動するしつらいであるが、室内装飾であるがゆえに美の対象としての発展も遂げ、日本固有の空間美を演出する道具立てにもなっている。

しかし、どうして日本の生活に「しつらい」概念が定着したのであろうか。この疑問のために日本家屋が有する二つの特性を説明しておかなければならない。

一つは、日本家屋の原点でもある寝殿造りには既述のように一部に土壁で覆われた塗籠がある以外は柱が並ぶだけの構造であったことである。固定壁がないゆえに殿舎は簾や障子などで仕切り、身辺は几帳や屏風や衝立障子などで隔て、床には畳や茵《しとね》や地鋪《じしき》などを敷いた上に、厨子や衣架《いか》や机などを飾りつけてきたのである。

この塗籠は「室」と呼ばれ、内裏の場合だと夜御殿でもあり、調度類によって場の意味も格式も変えることができたのであるから、ここには厳格な決まりがあってしかるべきであり、この礼法が「しつらい」の源流とされる。

また、もう一つの特性は、四季の移ろいや慶弔などの儀礼に応じて姿を変える習慣である。平安時代の貴族の間では、四季の変化を装束に現すことは嗜みと考えられていた。すなわち、住まいは衣装のように変化させるものであり、室内意匠は衣装と同様であり、住み手の教養や趣味人柄などの心映えが反映する場だったのである。

この場所を演出するための美術工芸化と趣味教養を披露するための道具立てとして調度品は発展を遂げ、後に登場する書院造りでは、押板、床の間、違い棚、出窓形式の付《つけ》書院、帳台構などの調度品を美術趣向の主役に押し上げる仕様になっていくのである。また、室町期より隆盛を極める能楽や茶華道などの多くの技芸においてもしつらいを積極的に取り込み、礼法は一般の人々にも普及発展していったのである。

「しつらい」概念に寄り添う仮設性は、家屋の特性からも見ることができるが、この家屋自体が屋代としての建造物として考えることもできるのであり、諸技芸の礼法の根底にも「まつり」を執り行おうとするカミ信仰と深くかかわっている部分があるように思えてならない。

「花は心、種はわざ態なるべし」。世阿弥が『風姿花伝』に記した一文である。自然である花に人として芸へ取り組む奥義を喩《たと》え、種に日常の過ごし方を説いている。

自然の景物や日々の祭事が生活として身の回りにあるからと言って「常」が「体」になるわけではないところに、過ごし(凄し)の難しさがある。ゆえに見るべきものを見過ごし、やるべきものをやり過ごし(凄し)となることをたしなめている。

また、明恵上人の遺訓に「人はあるべきやうわの七字をもつべきなり」という一文がある。ここでの真意は既述であるが、日本の庭園にも絵画にも描かれる「自然」は、ありのままの自然でも、あるべき自然でもない。「あるべきやうわ」は何かを問える姿が創作には必要なのである。

日本の自然、すなわち伝統の生活にかかわるとき、ありうべきようは必ず現れてくる。そのありようを捉えられてこそ、日常の過ごしに訪れる節句を見過ごさず、適材適所のしつらい本人としての生活に美を見いだすのである。風景に息づく香りを見て取り、景色に時機の移ろいを覚え、その森羅万象の真の姿を現すことに、日本での日常、すなわち生活の営みがあることは揺るぎのない歴史である。顕現した物象に潜む自然の真意を捉えることなくして、日本の造形を見ることなどできようはずもない。

日本での暮らしには、敬い事、喜び事、楽しみ事が季節の風趣や行事として定着している。新しい一年の始まりである正月元旦は誰もが厳粛な気持ちで迎えられるよう、家屋の飾りつけから着るもの食べるものまで、入念にしつらえる。正月やお盆行事ほどではないが、花見や月見など風趣の変り目には行事が伝統的にある。その中でも春分や秋分など祝祭日を設けて彼岸を祝えるようにしている日もあるが、節日《せちび》には、お供えと祭行事で祝ってきた。この節日の供物「節供」が、節日そのものを指すようになって「節句」になったとも言われるが、現在でも根強く伝わっている習慣に「五節句」がある。人日の節句、上巳の節句、端午の節句、七夕の節句、重陽の節句である。この季節や人生の節目に欠かせないのがしつらいであるゆえに、しつらいが単なる装飾ではなく、その真意が感謝や祈願であり、その敬意の主役へのもてなしなどが形姿に現れるものである。それゆえに、しつらいは堅苦しい形式的なしきたりにとらわれる物ではなく、地域や時代や暮らしに生きるものでなければならない。

◉しつらいの芸術性

この「しつらい」として創作され発展した技芸として、今日にも継承される伝統芸能の数々をあげることができよう。いけばなや茶の湯や能楽など、伝統芸能と称される表現は数多くある。その芸術性を西欧での諸芸術と比較評価することも容易いであろうが、日本での技芸の大きな特徴にしつらい性をあげることができる。それは、それらのほとんどがその作品性そのものを目的としていないところにある。

しつらいとは、場をつくること、または場の特性を惹きだすための仕掛けであり、かかわる者への身構えを醒し、その時その場その人への最適なるかかわりをもたらすための道具立てなのである。

雨露を受ける自然の草木はそれ自らで然とした生なのであるから、日本の技芸に生なる美を称えることに、その技の目的をおいてはならないはずである。いけばなは、荒御霊のごとき聖なる生命感による場の清浄力にこそ比類なき美があるのであって、奇なる形姿に価値はない。また、茶の湯は、湯立ちの清浄さに伴う場の神聖さに、そこでの行為の然とした体が求められるのであって、茶入れの作法にその庵での目的があろうはずもない。ましてや、面を被り松をしつらえた橋掛かりより越境した座で舞う能楽者に、個性を観る必要はない。

日本の習慣文化には多様な解釈が可能であるが、「いけばな」には常感の払いを、「茶の湯」では斎場の気を、「能楽」からは奉る構えを覚えるのである。

自然たる形姿の内に潜む「在りよう」を見つめ、顕現させようとする志意の行為にこそ、いけばなの真骨頂はあり、心意の「在りよう」にいたる静謐なる空の場づくりにこそ茶室の大義はあり、松を背にした場の「在りよう」を神懸からずして能が舞えるはずもない。

いけばなに形姿ではなく、茶の湯に作法ではなく、能に舞いではなく、「しつらい」に現れた場の「在るりよう」こそが、大事となるのである。

正月、神社に初詣し、初釜で一服いただくとき、私たちはいつもと違う茶室のしつらいに眼を向ける。床柱には青竹に結柳《むすびやなぎ》と侘助椿《わびすけつばき》が生けられ、お軸や香炉の吉兆に包まれ、新春を祝うのである。季節の移ろいの機敏を暮らしに受け入れるために必要となるのが「しつらい」である。すなわち、年中行事の場づくりに欠かせないのが「しつらい」なのである。

ここに日本の祭事にも類同する伝統芸能も仕組みがあり、親しみ倣いかかわる人がたえず「生活と心の拠り所」として潤いを与えているのであろう。

◉しつらいの空間美

「まつり」には「しつらい」が不可欠であり、そこでの形姿と構成とかかわる人々の行為、作法には決まり事もある。そして、しつらいは主役としての振る舞いではなく、あくまでも主役を引き立て、もてなす側の想いを伝えるものでなければならない。主役には形がないからである。「しつらい」がつくるもの、それはその場の一時に現れる「おもい」のようなものであろう。「まつる」ことによって伝えようとし、そしてそこに現れる「おもい」なのかも知れない。私たちが何かに対して行動する場合でも、事前に気持ちの整理が必要なように、人の行動における「身構え」のような、空間にも「構え」が必要なのである。

主役そのものでないばかりか、そこへの行動そのものでもないが、「構え」はかかわる者すべての志向を左右し、世界を決めてしまうものでもあろう。立派な社殿があるわけでもなく、数多くの供物をするわけでもないが、その場その時に居る者には伝わる厳かな「おもい」は、その場にかかわり創りだす者たちから醸される「おもい」なのであろう。まちにも人にも生活にも必要なのは「まつり」への心「構え」であり、贅沢な建造物や舞いの美ではない。私たちが歴史ある空間から学ばねばならないものは、その場に潜む「構え」であり、その実践としての「しつらい」の手法であろう。

それゆえに、家庭においてもまちにおいても「まつり」を通して人々が共有する「おもい」が在ると無いでは何かが大きく違うように思えてならない。家にもまちにも共有できる世界観によって心身に潤いが与えられ、一年の過ごしやまちでの過ごしに生気がみなぎるように思えてならないのである。

形はなくともその形なき対象に対して行われる物と事によって創りだされたその場の全体像、それが「しつらいの空間美」である。

芸術を造形として捉えるかぎり、いけばなを苦しめているのは花の実像であり、茶の湯を苦しめるのは茶の作法であり、能を苦しめているのは舞いの形式であろう。日本の技芸の難は、この用と実を成す姿に目的と価値を置かぬところであるにもかかわらず、その形姿への厳しい審美感の探究にもつづくものが存在するのである。

しかし、この形姿を洗練させた伝統の技芸でさえ、その形姿に目的はない。形姿を超えたところに日本美の目的があるとすれば、それはどこから由来したのであろうか。そして、それは何か。ここに「まつり」における「しつらい」への眼差しが生まれてくる。仮初めな「しつらい」によって、人知を超えた自然なる力の現れを促すところに、「まつり」の術があり、日本人のひそみは現れるのである。

祭事における空間美

「鎮守の杜」、「切り芝」、「白砂の広場」に抱かれ、千数百年のときを経た日本の神社を代表する賀茂社には原風景とされる姿が現存する。この自然豊かな場所では、今もなお「まつり」を通してその表現の自由度を発揮し、多様なる場として人々の眼前に現れ、そのときどきの活力ある姿に変容させていくのであり、その原動力こそが、祭事における「しつらい」の力である。執り行われる祭による場の変様に、「しつらい」がもたらす演出は欠かせない。多義なる無表情な仕掛けの場にどのようなしつらいが道具立てとしてしつらえられるのか、ここでは賀茂社の領域内であり境内外において行われる幾つかの祭事（神事）からその次第を「作法」として捉え、具体的な内容を追録しながらしつらいについて説明しておきたい。しつらいについては主たる神事のパースペクティブな作図を掲載し、その位置関係や空間構成の解釈に役立つよう解説を加えている。寸法形状については年々の状況によって設営が異なるものなので、あくまでも基本的な配置・形状として作成している。

◉葵祭と巡行（賀茂御祖神社、賀茂別雷神社）

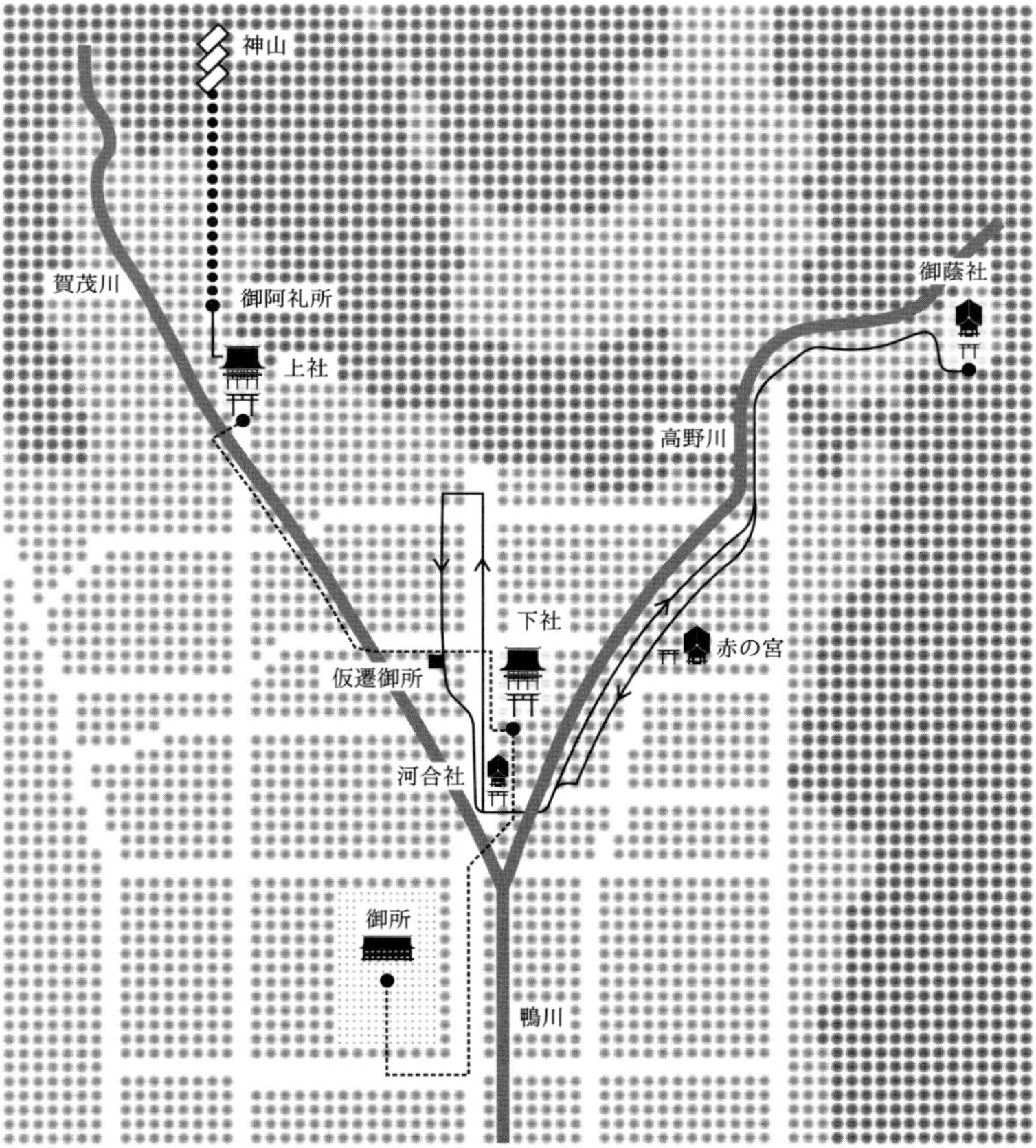

［一〇六頁参照］

賀茂祭（葵祭）は、例年五月一日から十五日までの約二週間にわたり氏子をはじめ奉仕の方々の賛同もって行われており、その間の諸儀を総称しているが、大きくは「神迎えの神事（上社・御阿礼神事、下社・御蔭神事）」の祭事と、古よりの「勅祭」に由来する「葵祭」に分けて捉えられ、その発生から判断すると別々なものとも考えられる。もちろん、今日では十五日に執り行われる巡行である葵祭の前儀として、他の祭事を見なすのが一般的であり、御所から巡行をはじめる勅祭であるがゆえに、皇族の祭である意味合いが強いといえる。しかし、賀茂氏族の祭と土着神との融和をもとに、時代を超えて永く発展してきていることもまぎれのない事実である。

両賀茂社の配置から見てもわかることであるが、上社は平安京の北に、下社は平安京の東に位置し、皇城鎮護の神社としても相応しい場所となっている。

さらに、下社に関しては「御蔭祭」と称しており、代表される「御生神事」では、その行粧は周辺地域を広く巡行した上に、途上の宮に立ち寄って参奉し「路次祭」を執行するなど、地域とのかかわりが見てとれる。

上社の祭儀に関しては、最も古くかつ重儀の神事である「御阿礼神事」は、秘儀として一般の奉拝は許されていない行事であり、神山の磐座から神々の降臨を願って御阿礼所にて祭事を行う。

この「御阿礼神事」と「御生神事」は、そもそも人里に住んでいない神々を迎え入れるための儀式であり、そのための行粧である。また「葵祭」の巡行「路頭の儀」は、その降臨された神々に斎王が参詣する勅祭なのであるから、目的は異なるが、平安京と「みやこびと」とのかかわりは巡行の経路図からその様子を読み取ることができる。

◉御蔭祭、切芝神事（賀茂御祖神社）

［九四頁、九八頁参照］

御蔭祭は、五月十二日、御蔭神社より荒御魂を下社へお迎えする神事であり、下社や御蔭社などで神事がしめやかに執り行われる。早朝、下社にて神酒を拝して祭儀の成功を祈る「歓杯の儀」、自然の気を受けて祓う古儀「樹下《じゅげ》神事」が行われ、「本宮進発の儀」により行粧は、比叡山山麓の八瀬御蔭山へと向かう。御蔭神社では、本殿の御簾

切芝神事しつらい図

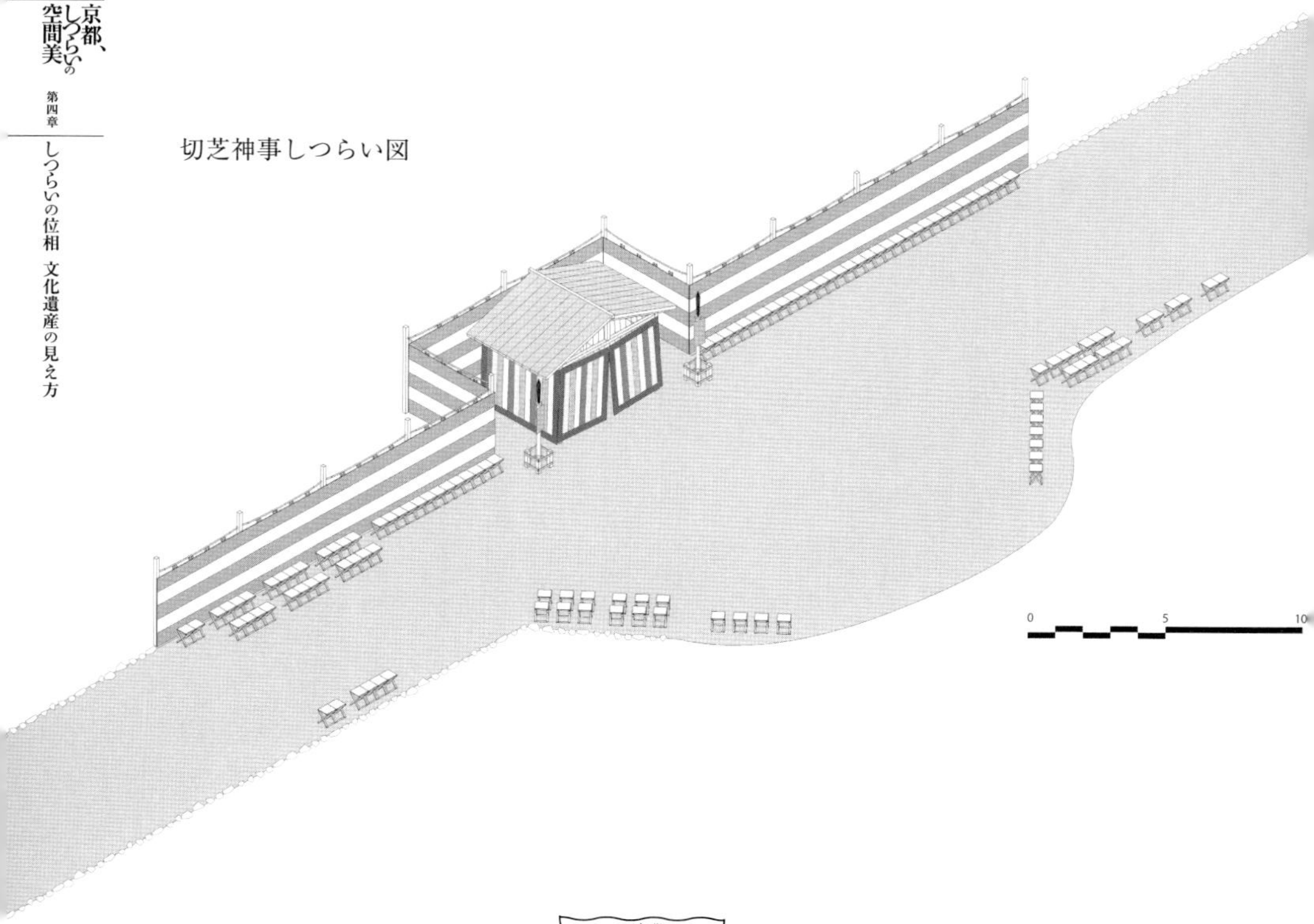

切芝神事の席次図

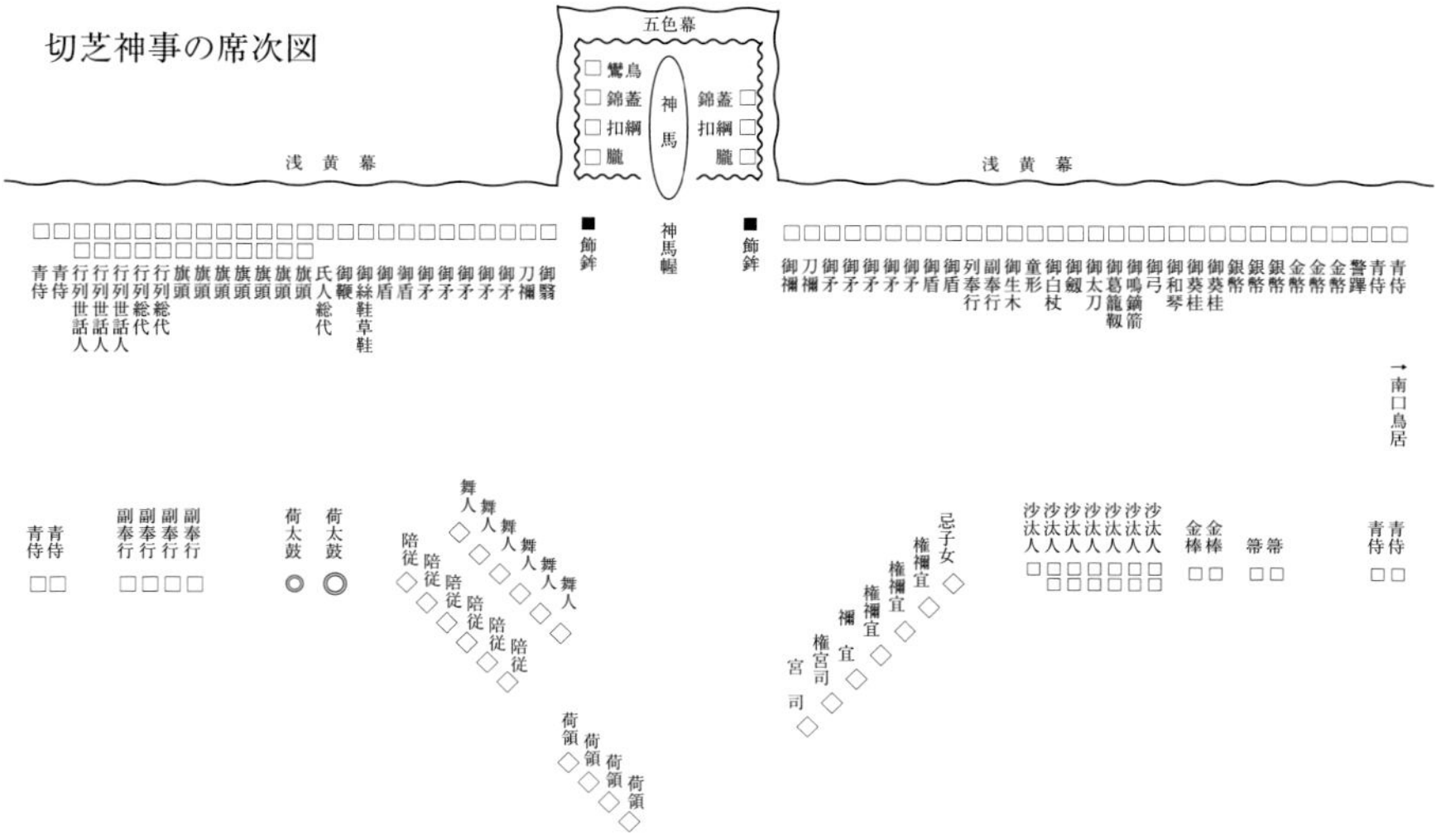

に葵と桂を飾り立て神の降臨を仰ぐ「御蔭山の儀」を経て、太陽の南中する「牛の刻」を期して荒御魂《あらみたま》後生木《みあれぎ》に移りいただく「御生神事」を行う。そして御蔭山からの行粧は、途中に賀茂波爾《かもはに》神社《じんじゃ》へ参着し、舞楽「還城楽《げんじょうらく》」を奉納する「路地祭」を行う。さらに、巡行は下鴨中通の仮遷御所《かりせんぎょどころ》に立寄り、神霊幄《じんばとばり》にて「神馬に遷御の儀」を行う。ここより、行列の御車から神馬に御神霊は移り、錦蓋《さくがい》や御翳《おんさしば》で覆われ、糺の森へと向う「遷御の行粧《ぎょうそう》」となる。そして、神幸列の行粧は糺の森の中央部分にしつらえられた斎場に到着し「切芝神事」を行う。

作法（次第）

古式に則って錦蓋に包まれ神馬に乗った神霊（荒御魂）を神馬幄に奉牽し、巻纓冠《けんえいのかんむり》、青摺袍《あおずりのほう》、青摺袴《はかま》を着け、長い裾を引き、太刀を履いた姿の六人の舞人により『東游《あずまあそび》』が神馬に向かって奉納される。

東游は、他の雅楽と異なる日本古来の舞で国風歌舞に分類される組曲とのことである。冠には桂と葵の葉が着けられており、葵は賀茂の御神紋であると同時に、桂は男を、葵は女と見立てて二つを一体とする神の御生《みあれ》を祈る神儀を示している。舞は、六名の舞人によって二度行われる。舞が終わると、終了を告げる儀式として列奉行が白杖を氏人《うじびと》（童形）に

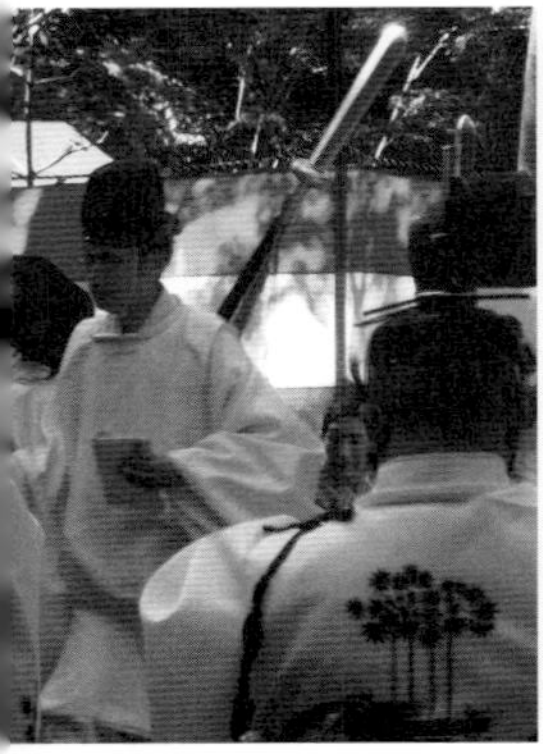

渡す。ここでの杖は、進むべき道筋を示しており、ここまで先導してきた列奉行の職責を交替伝達することを意味している。

東游の舞の後は、神馬の前で舞人による雅楽の奉納があり、その後は行粧を整えて、本殿へ向う「還立の儀」となる。ここでは、陪従《ばいじゅう》が神馬の前に整列し、三台塩《さんだいえん》を奏す。そして、神馬も加わった神幸列は、本殿へ参進し、神馬から本殿に荒御魂を移す儀式「本宮の儀」が行われる。この儀式によって復活した神霊は三日後の葵祭を待つことになる。

しつらい

神馬幄または幄舎《あくしゃ》と言われる仮小屋の四隅に柱を立て、棟・檐《のき》を渡して布帛《ふはく》で覆った仮小屋であり、祭儀などのときに、臨時に庭にもうけるもの。幕（浅黄幕）、五色幕飾、鉾二基などがしつらわれる。

◉流鏑馬神事（賀茂御祖神社）

［一二二頁参照］

作法（次第）

楼門内、舞殿においての諸儀を経て、「馬場入の儀」を行い、南口鳥居南庭にて騎馬。射手が馬場元に乗入れ、所役が所定の位置に着く。長官代、騎射始の由を一の射手に告ぐ。所役が的を懸くと、馬場元役は軍扇を揚げる「揚扇《あげおうぎ》の儀」。馬場末役は、同様に軍扇をかざして、これに応える。糺の森に設けられた全長三六〇メートルの馬場に、百メートルおきに設けられた三カ所の的を矢で射抜く。

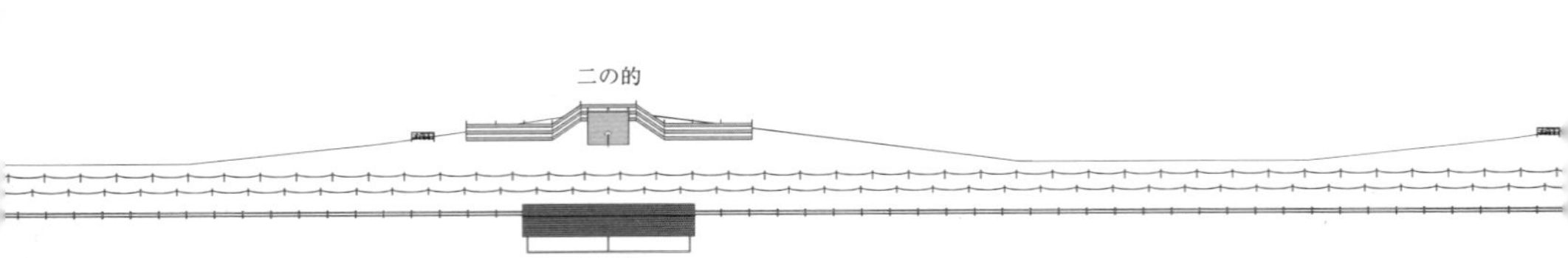
二の的
馬場殿

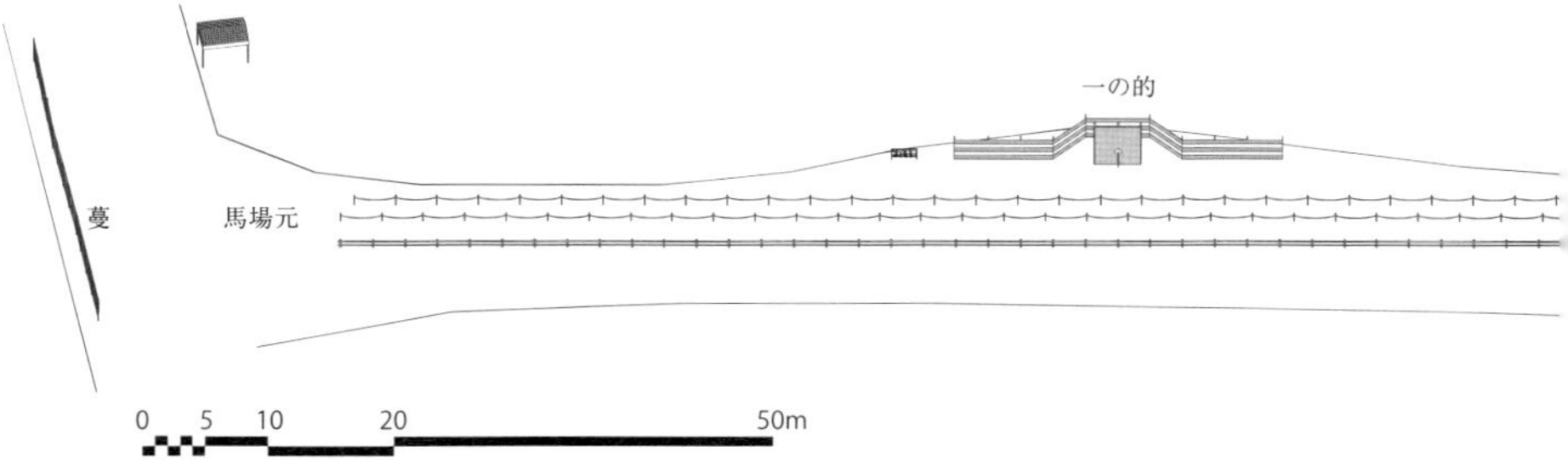
一の的
蔓
馬場元
0
5
10
20
50m

一の射手は、馬場元の扇型に馬を進め、「揚扇」を行い、扇を高く投げ「陰陽《おんよう》」とかけ声をかけながら馳せ、一の的を射る。すぐ箙《えびら》より矢を抜き弓につがえ、二の的、三の的を射る。

二の射手は、先と同じように馬場元、末役の合図扇がすむと、馬場の扇型に乗り入れ馳せるが、この射手は揚扇の作法はない。

三の射手は、合図扇の後、「揚鞭」を行い的を射る。

騎射が終わると、一、二、三の射手は馬場殿の前で騎乗のまま片鐙《かたあぶみ》をして神禄を長官代より賜わる。賀茂騎射の神禄は、桂に帛《はく》がかけてあり、射手はこれを受け肩に掛けて馬上拝舞を行い馬場元へと帰る。一の射手は白帛、二の射手は赤帛、三の射手は濃色の帛を賜わる。

しつらい

埒《らち》：女埒（二尺八寸）と男埒（三尺五寸）×約三五〇メートル

幕：一〇間（約十八メートル）×三面

矢止畳：八畳の上に布貼り

的：流鏑馬神事用（一尺八寸）、騎射射手用（一尺五寸）の板（桧または杉）、高さ一間×三面

的串：竹、的をはさむためのくさび、蔓幕など

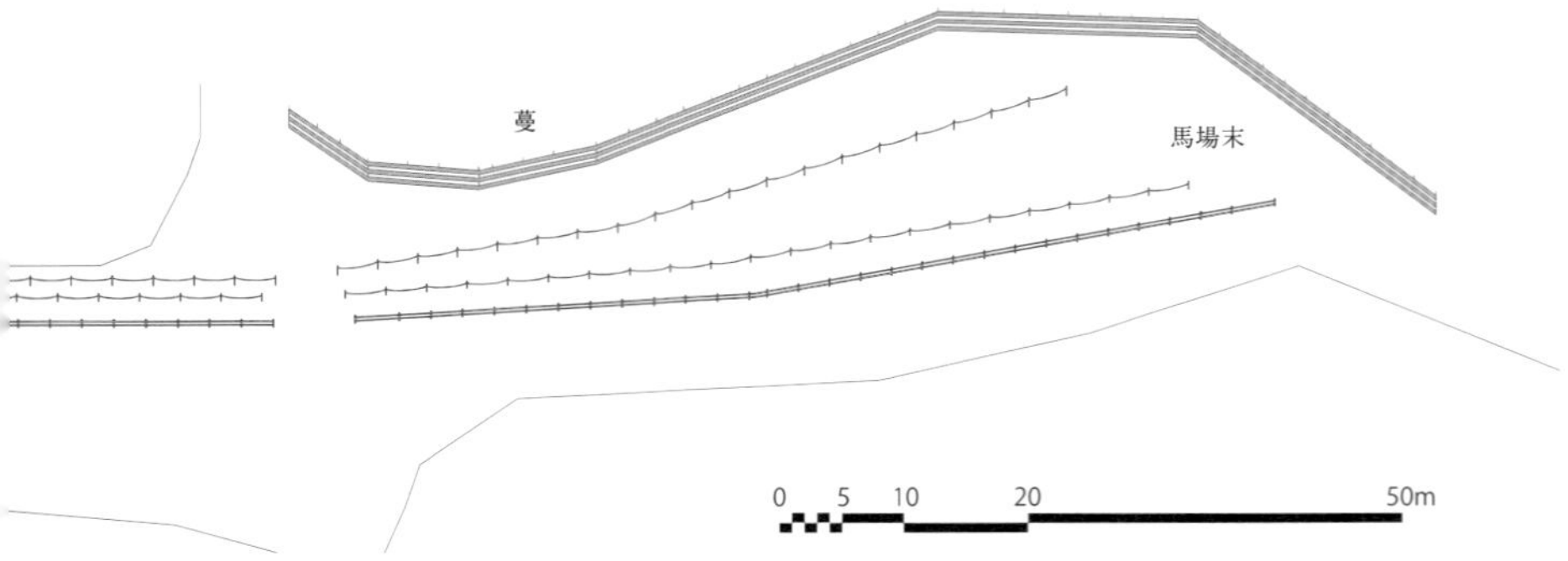

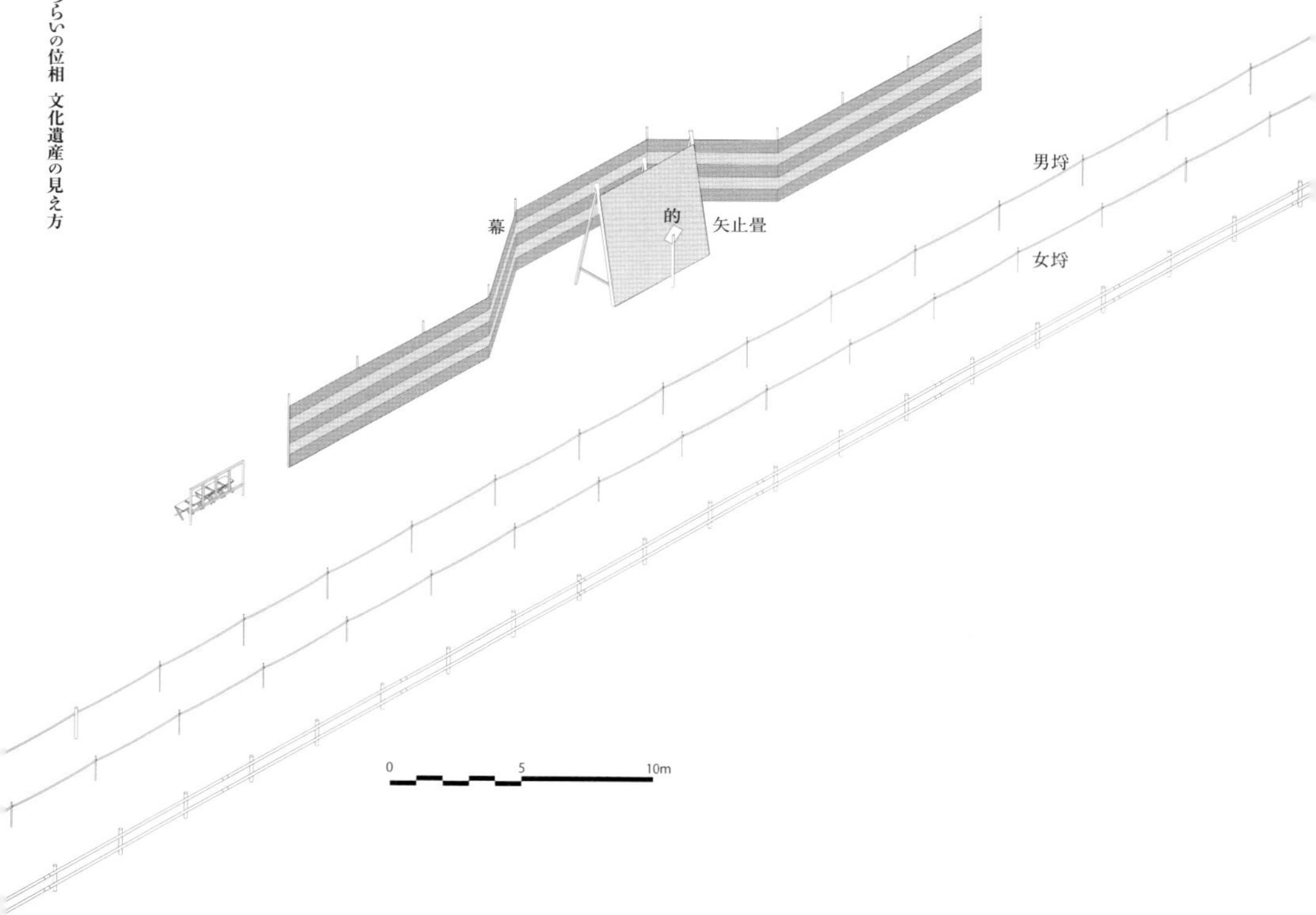
幕
的
矢止畳
男垜
女垜
0
5
10m

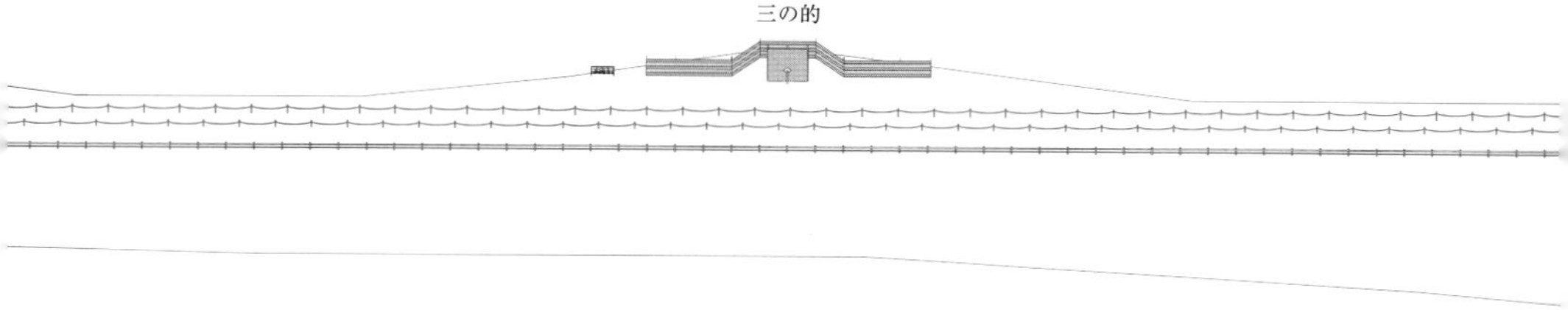
三の的

◉ 競馬会神事（賀茂別雷神社）

［一一六頁参照］

作法（次第）

「頓宮《とんぐう》遷御の儀」

御神霊を馬場東の仮宮にお遷しする。頓宮の前には立砂がもうけられ、松葉も立てられている。

「菖蒲根合せの儀」

菖蒲の根合せは、平安時代殿上人《てんじょうびと》と女房方が貝合せや歌合せなどと同様の遊びとして宮中で端午の節句に行ってきたものである。

菖蒲の根合せは、頓宮前まで一番（競馬の相方同士）ごとに栗の木を植えられた道標に沿って整然と歩き、競馬を行う乗尻同士が、白い根つきの菖蒲を持ちよって、菖蒲の根の長さを競い、合わせた菖蒲は互いに交換する。一番の乗尻は菖蒲を頓宮の屋根に投げ置く。菖蒲を投げるのは仮屋を清め邪気を祓うものであり、この菖蒲もしつらいには欠かせないものとなっている。また、本殿前の棚尾社に対しても同様の作法を行う。

「乗尻奉幣の儀」

乗尻が神前で必勝、安全を祈願する儀式であり、行動は境内外に及ぶ。

一、左右乗尻、庁舎に集合、乗馬の装束を着す　二、乗尻、上賀茂小学校に参集　三、藤木社周辺において「馬立の儀」を行う　四、左右扶持、乗馬の修祓を行う　五、乗尻乗馬、一番より順次出仕し、庁舎に着く（左方西上北面、右方西上南面）　六、神主（束帯）並に左右念人（束帯）、後見（狩衣）以下を引具して、庁舎に到り、神主は正中東面に座し、左右念人は各乗尻の上位に着く　七、陰陽大夫（衣冠）修祓　八、勧盃、勝栗の儀あり　九、

手水 十、乗尻各乗馬、切壁前に左右乗尻相対し、輪形を踏む 十一、左方乗尻、一の鳥居東頭に進む 十二、右方乗尻、一の鳥居西頭に進む 左右乗尻相対し、輪形を踏糸(月形乗)下馬 十三、左右乗尻、一の鳥居より参進する(左方は東、右方は西)。左右念人各先行する 十四、陰陽大夫、念人及乗尻等の修祓を行う 十五、念人・乗尻等、二の鳥居を入り、禰宜橋、玉橋を経て楼門内に参進。左右対揖の後、左方念人・乗尻等は直に御籍屋《みふだのや》前、下座敷に著座。安座(東上北面) 十六、右方念人・乗尻等は、楼門西廻廊において猶予 十七、左方乗尻、順次奉幣(再拝)終えて幣を念人に進む。念人之を執って小庭に進承、奉幣(両段再拝)祝詞奏上、昇殿、幣を御扉雌戸の前に奉献 十八、念人降殿、乗尻に返祝詞を申し、終えて念人・乗尻以下、新宮門より退下 十九、左方乗尻、馬場末に到り乗馬、埒内を九折南下し、楢の小川の西岸に列立、下馬。此間、念人幌の座に着く 二十、右方乗尻・念人奉幣、左方の儀に準ず。但し、幣を御扉雄戸の前に奉献 二十一、右方乗尻、馬場末において乗馬、埒内を九折南下し、西埒の外に列立、下馬。この間、念人握の座に着く 二十二、神主・所司代・目代(衣冠)、頓宮南方の幌の座に着く。警固方埒内を渡る 二十三、第一の番、埒に入る(先左方、次右方)、三遅(此間左方念人、一遅ごとに打鉦)巴、小振等の儀あり。但し古例、左方を勝となす。よって左方、右方に先って駆馳する。勝者、念人の握前にいたり、禄を受けて頓宮に詣でる 二十四、第二の番、埒に入る(先右方、次左方)、三遅、巴、小振等の儀あり。終えて競馳、勝負を決す。以下、順次このごとし。五番勝負終って、頓宮御前の鋒を伏す。警固方、再び埒内を渡る 二十五、神主・念人・乗尻等、庁舎の座に着き直会の儀あり。終えて退下。

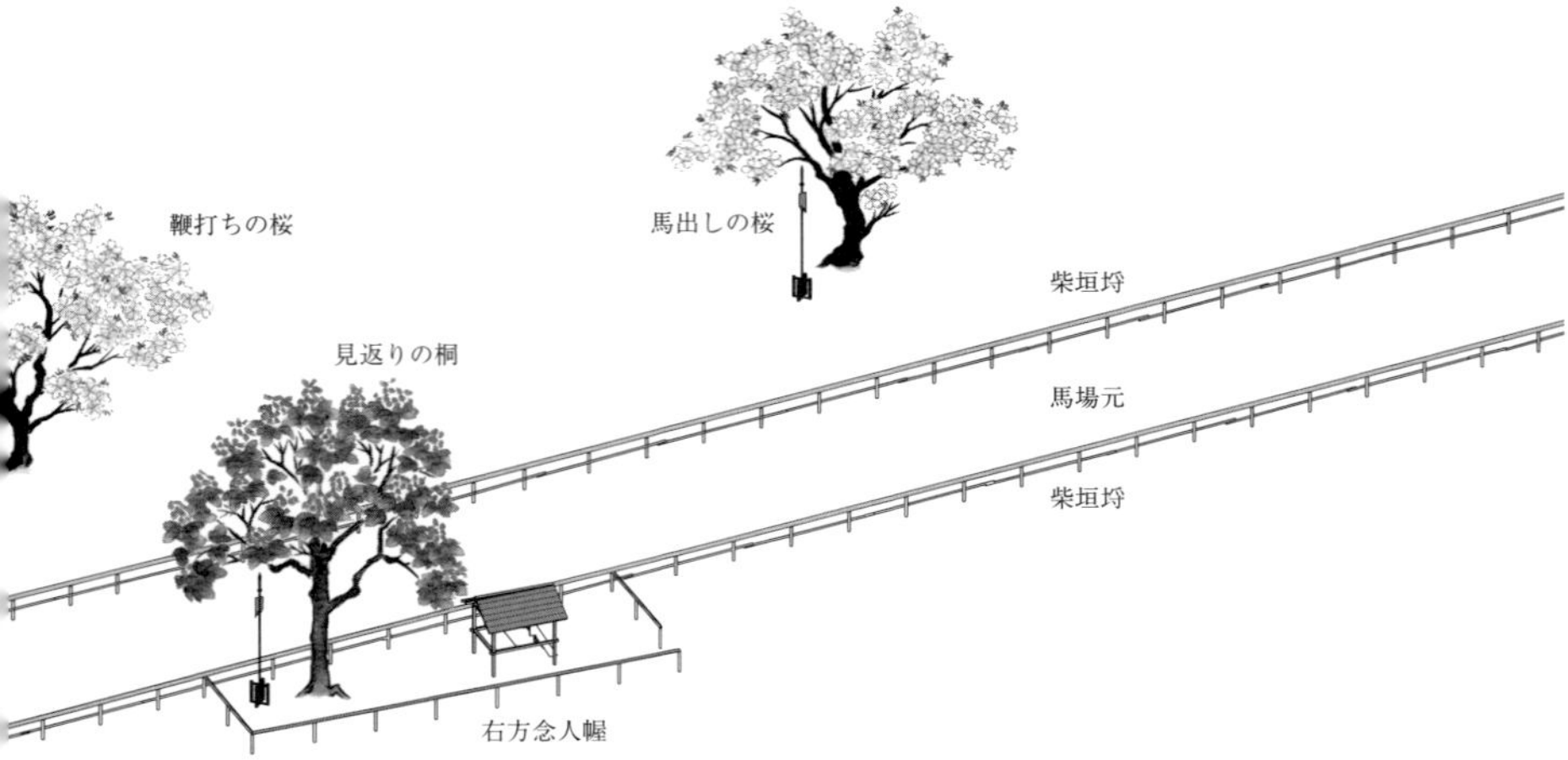
鞭打ちの桜
馬出しの桜
柴垣埒
見返りの桐
馬場元
柴垣埒
右方念人幄

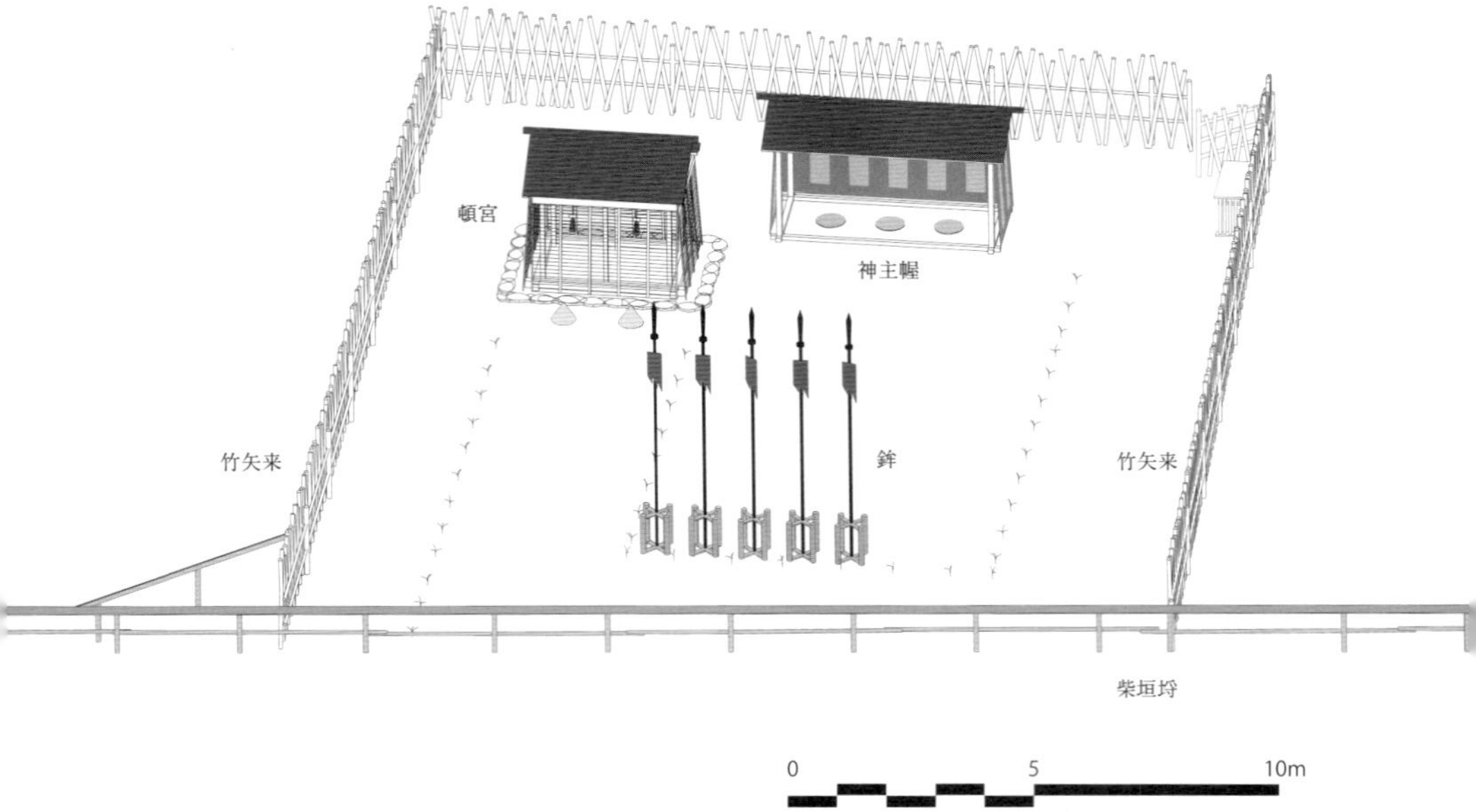
頓宮
神主幄
竹矢来
鉾
竹矢来
柴垣埒
0
5
10m

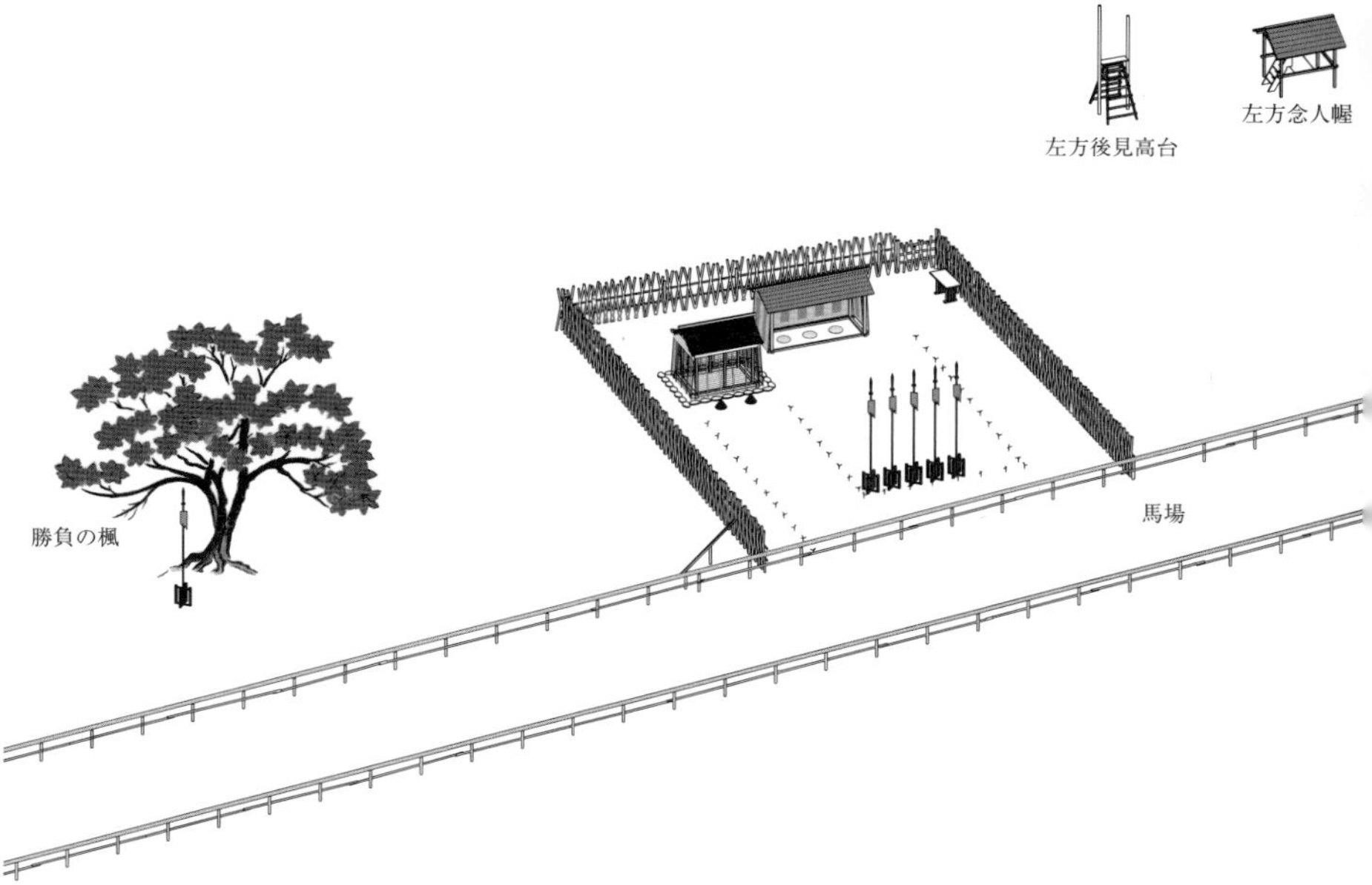

競馬会神事しつらい図

「奉幣の儀」では、幣串を振り勝負の必勝と馬上安全を祈念する。まず、左方一番の乗尻より順次奉幣を行った後、その祈りを受けた神に伝える念人が奉幣を行い、祝詞を奏上した後に、幣串を本殿御扉雌戸（左側）に奉献する。次に、右方も同様に行うが、右方は二番の乗尻より奉幣を行い、一番が最後に行うことと、念人は幣串を本殿御扉雄戸（右側）に奉献する違いがある。

「競馬会競馳の儀」

一の鳥居から二の鳥居までの芝生にもうけられた馬場で、左方と右方から馬一頭ずつを出し、二頭が約四百メートルを駆け抜ける。賀茂の競馬《くらべうま》での出走では、出走時間に一馬身ほどの差をつけて走り、勝負の判定地点でその差が広がれば前の馬の勝ち、縮まれば後ろの馬の勝ちとする。競馳に際しては、直前に乗尻が馬上で姿勢を整える場所、出走の場所、鞭打つ場所、さらには勝敗を決める場所などが決められており、それぞれ「見返りの桐」「馬出しの桜」「鞭打ちの桜」「勝負の楓」が植えられている。

白装束に身を固めた念人《ねんじん》という二人の審判員が、しつらえられた櫓にのぼり、勝敗の判定を行う。青扇を挙げれば黒（右方―西側）の勝ち、赤扇を挙げれば赤（左方―東側）の勝ち、白の扇を挙げれば〝入直し《いれなお》〟となり再勝負である。二つの扇を同時に出せば囲碁や歌合わせと同じく持《じ》といい、相手の引き分けとなる。一勝負が、済むごとに櫓下で太鼓が一打される。勝ち馬には、乗尻の差し出す鞭に白が巻かれ、その栄誉が称えられる。勝った乗尻は、賞の禄絹を鞭で受け取り、二回頭上で回したあと返却する。

しつらい

鉾（十六基）：境内に計十六基の鉾を設置している。楼門前に二基、一、二、三の鳥居に各二基、馬出しの桜、鞭打ちの桜、勝負の楓の根元に各一基、そして、頓宮と幄舎前に五基である。この場合、楼門前の鉾は、威儀用であり、桜と楓前の鉾は標識であり、頓宮前の鉾が御祭神の招降を奉るためのものであろうが、これは頓宮をもうけず、阿礼幡を立てていた形式

の名残りであるがゆえに二重のしつらいとなり、現在は威儀用のものとして見られているようである。五基とされているのは、御阿礼神事での阿礼が五本であるところから定めたとされている。

菖蒲：乗尻の服装をはじめ、祭事にかかわる奉仕者はすべて菖蒲艾《しょうぶよもぎ》の帯をしている。

埒《らち》：埒とは、馬場と観客を仕切る境界の囲いのことであるが、賀茂の競馬会では杭と榊を絡ませたで青竹で組んで馬場をつくっている。馬場は、西の切り芝上で行うのが古例になっている。埒幅五間（約九メートル）、長さ百間（約二百メートル）、杭間隔一間（約一・八メートル）青割竹を結い、その上に青柴を置き、縄で結う。埒と地面との間に小丸竹を渡す（あぶりずみ）。祭りが終わるまでは埒が取払われないことから、「埒か明く」とか「埒が明かない」という言い回しが現在も使われている。

【参考文献リスト】

◉國學院大學日本文化研究所編『神道事典』
弘文堂　一九九四
◉伊藤聡ほか著『日本史小百科 神道』
東京堂出版　二〇〇二
◉鎌田東二著『神道用語の基礎知識』
角川選書　一九九九
◉佐和隆研ほか編『京都大辞典』
淡交社　一九八四
◉建内光儀著『上賀茂神社（賀茂別雷神社）』
学生社　二〇〇三
◉三宅和朗著『古代の神社と祭り』
吉川弘文館　二〇〇一
◉賀茂別雷神社社務所編『賀茂別雷神社由緒略記』
サンケイデザイン　一九九六
◉大山喬平著『上賀茂のもり・やしろ・まつり』
思文閣出版　二〇〇六
◉新木直人著『神游の庭』
経済界　二〇〇七
◉四手井綱英著『下鴨神社 糺の森』
ナカニシヤ出版　一九九三
◉新木直人著
『世界文化遺産・賀茂御祖神社（下鴨神社）の祭り
葵祭の始原の祭り―御生神事―御蔭祭を探る』
ナカニシヤ出版　二〇〇八
◉糺の森財団編『下鴨神社今昔 甦る古代祭祀の風光』
淡交社　二〇〇五
◉賀茂御祖神社編『世界文化遺産 下鴨神社と糺の森』
淡交社　二〇〇三
◉岡田莊司著『京の社 神と仏の千三百年』
塙書房　二〇〇〇
◉岡田莊司・笹生衛編『事典 神社の歴史と祭り』
吉川弘文館　二〇一三
◉中村修也著『秦氏とカモ氏―平安京以前の京都―』
臨川選書　一九九六
◉土橋寛著『日本語に探る古代信仰』
中公新書　一九九〇
◉谷川健一著『日本の神々』
岩波書店　一九九九
◉茂木貞純著『日本語と神道』
講談社　二〇〇三
◉川尻秋生著『平安京遷都』
岩波書店　二〇一一
◉廣川勝美著『神と仏の風景「こころの道」』
集英社　二〇〇八
◉ひろさちや著『やまと教―日本人民族宗教―』
新潮選書　二〇〇八
◉佐々木健一著『日本的感性 触覚とずらしの構造』
中公新書　二〇一〇
◉宇野正人著
『祭りと日本人―信仰と習俗のルーツを探る』
青春出版社　二〇〇二
◉國學院大學日本文化研究所編
『祭祀空間・儀礼空間』
雄山閣出版　一九九九
◉広瀬和雄編著『日本古代史 都市と神殿の誕生』
新人物往来社　一九九八
◉稲垣栄三編『日本建築史基礎資料集成2・社殿Ⅱ』
中央公論美術出版　一九七二
◉須磨千頴著『賀茂別雷神社境内諸郷の復元的研究』
法政大学出版局　二〇〇一
◉稲垣栄三著『原色日本の美術⑯ 神社と霊廟』
小学館　一九六八
◉京都文化博物館編著
『京の葵祭展 王朝 絵巻の歴史をひもとく』
京都文化博物館　二〇〇三
◉京都文化博物館編著『季節を祝う 京の五節句』
京都文化博物館　二〇〇〇
◉斎宮歴市区物観『幻の宮 伊勢斎宮』
斎宮歴史博物館　一九九九
◉湊川神社
鎮座百三十年記念シンポジウム「神と花と人」
湊川神社華道菊水会発行　二〇〇三

●京の祭り案内（本著をよりいっそう理解するための祭ガイド）

◉火・燃え立つ祭り

嵯峨お松明／嵯峨静涼寺（通称・嵯峨釈迦堂）　●期日・三月十五日　場所・嵯峨静涼寺（京都市右京区嵯峨釈迦堂藤ノ木町）

境内に立てられた三基の大松明（二・一丈、二丈、一・九丈）が燃える炎の勢いにより、その年の稲作の豊凶を占う。また、本堂前に並んだ十三本の高張り提灯の高低によって江戸時代には米相場を、最近では株価を占うなど庶民の幸せと諸々の願いを託す。また、同日狂言堂で「嵯峨狂言」を公演する。京都三大火祭の一つ。

花背の松上げ／愛宕山への献火行事　●期日・八月十五日　場所・京都市左京区花脊八桝町

河原に立てられた約千本の松明を点火し、鉦や太鼓を合図に中央に立てられた高さ二十メートルの檜丸太の先端に取り付けた灯籠木に向かって、火を付けた上げ松を投げ上げ、大笠への点火を競う。「松上げ」とは、全国的に分布する柱松行事の一形態であり、洛北の旧若狭街道一帯に伝わる火の祭典。他には広河原、小塩の上げ松、久多宮の町松上げ、雲ケ畑松上げがある。

五山送り火　●期日・八月十六日　場所・東山大文字山、松ヶ崎西山、松ヶ崎東山、西賀茂船山、衣笠大北山、嵯峨鳥居本

送り火そのものは再び冥府に帰る精霊を送るという意味をもつ盆行事である。送り火としては東山如意ケ岳の「大文字」、松ケ崎の万灯籠山と大黒天山の「妙・法」、西賀茂明見山の「船形」、衣笠大北山の「左大文字」、嵯峨の万灯籠山・曼荼羅山の「鳥居形」がある。

三栖の炬火祭／三栖神社　●期日・十月十二日と十六日に近い日曜日　場所・三栖神社（京都市伏見区三栖）

三栖神社の神幸祭に行われるこの「炬火（たいまつ）祭」は、壬申の乱の折、のちに天武天皇となった大海人皇子が三栖地域を通過される際に、地元住民らがかがり火を灯して歓迎したのが由来。神輿を先導して、直径一・二メートルもある大炬火を燃やしながら練り歩く神事。特産のヨシでつくったタイマツで、中書島から京橋までの竹田街道は巨大な炎に包まれる。

鞍馬の火祭／由岐神社（鞍馬寺の鎮守社）　●期日・十月二十二日　場所・由岐神社（京都市左京区鞍馬）

平安時代中期九四〇年、世の平安を願い、御所にあった祭神の由岐明神を北方の鞍馬に遷宮する際に、火を焚いて迎えたのがはじまりとされる。松明を担ぎ「サイレィ、サイリョウ」（「祭礼や祭礼」の意味）の掛け声で由岐神社へと向かう火の祭典。

岩倉火祭／石座神社　●期日・十月二十三日に近い土曜日　場所・石座神社（京都市左京区岩倉上蔵町）

石座神社の氏子による宮座行事の一環として行われる松明行事で，旧岩倉村の六つの町内の六座による松明行事。約八メートル余の大松明二基が点火される。大松明の両側にもうけられている各町の仮屋の形式や，特殊な神饌の形態などにも特色がある。

◉水・織り成す祭り

松尾祭（神幸祭での船渡御）／**松尾大社**　●期日・神幸祭は、四月二十日以後の日曜日、還幸祭は、三週間後の日曜日　場所・松尾大社（京都市西京区嵐山宮町）、桂離宮横の桂川西岸

千年以上の歴史を有する松尾の神輿は拝殿を三周するとき、白い法被姿の氏子衆は「ホイット・ホイット」と言いながら神輿を揺らし鉦を鳴らす。その神幸祭での船渡御（神輿渡御祭）は、松尾大社を出た六基の神輿と唐櫃が桂川を渡る行事。神幸祭を「おいで」と呼び、還幸祭を「おかえり」と呼ぶ。

三船祭／車折神社　●期日・五月第三日曜日　場所・車折神社（京都市右京区嵯峨朝日町）、嵐山の大堰川

車折神社から出発した神幸列は嵐山の中之島から御座船に乗船する。大堰川においては、御座船に続き、龍頭船、鷁（ゲキ）首船など、詩歌、俳諧、謡曲、箏曲などを披露する奉仕船が三十隻ほど繰り出し、御祭神である清原頼業公が活躍された平安時代の船遊びを再現する。龍頭船では管弦楽の迦陵頻で胡蝶の舞が奉納され、鷁首船では献茶が行われ、船からは、和歌などを書いた京扇子が流される。

貴船の水まつり／貴船神社　●期日・七月七日（七日が土・日の場合は翌月曜日）　場所・貴船神社（京都市左京区鞍馬貴船町）

水まつりは、江戸時代後期まで続いていた雨乞神事が由来。雨水をつかさどる御祭神は賀茂川の水源地にあたる水神として崇敬されており、水の恩に感謝し水の恵みを祈る祭。境内では裏千家宗匠による献茶、樂辰會による舞楽、生間流家元による式庖丁などがある。和泉式部の歌碑もある。

◉鉾・建ち立つ祭り

嵯峨祭／愛宕神社、野宮神社　●期日・「神幸祭」は五月第三日曜日、「還幸祭」は第四日曜日　場所・嵐山一帯

還幸祭では、御輿渡御の行列を御旅所から大覚寺や渡月橋近くを練り歩き、再び御旅所へと戻る。獅子舞に続いて五基の剣鉾（澤瀉鉾、龍鉾、麒麟鉾、菊鉾、牡丹鉾）が差され、子供神輿・愛宕神社神輿・野宮神社神輿が続く。京都市無形民俗文化財の『剣鉾差し』には、一乗寺八大神社、西院春日神社、嵯峨祭、梅ケ畑平岡八幡宮の四カ所がある。

祇園祭の山鉾巡行（別名・朝山）／**八坂神社**　●期日・七月十七日　場所・各山鉾町

祇園祭は、千百年以上の歴史を有し、毎年七月一日の「吉符入り」から三十一日の疫神社「夏越祓」まで山鉾や花傘の巡行などの祭事。現在では、鉾九基、山二十三基の合計三十二基の山鉾が七月十日から各山鉾町で建てられ、十四日から十六日の宵山で装飾品などが披露され、十七日に長刀鉾が「エンヤラヤア」の掛け声で市内を巡行しはじめる。日本三大祭の一つ。山鉾行事は、ユネスコ無形文化遺産。

おわりに

しなやかに凛とした清らかさ。この日本的なる風土と気質に生きる私たちにとって、日々の暮らしを司るものこそが自然への畏敬であり、美意識への基底にあるものこそが常若への希求ではないのか。移ろう季節の中で瑞々しい力の必然性が「まつり」を生み、その場づくりに仮設である「しつらい」が欠かせないものになったと仮定すれば、私たちが日本的なる世界を再構築しようとするとき、そこに参照すべきは「しつらい」のあり方を紐解き、さらにその術を知ることではないだろうか。

今年は、伊勢の神宮と出雲の大社が揃って遷宮を迎える祝年でもある。日本人の美意識について見つめ直す佳き契機とも言えるのである。この機を「まつり」と捉えているのか否かは人それぞれではあるが、多くの人は何かしらの日常との違いや求めを覚え、詣でるものと思われる。もちろん日頃から日本人は「まつり好き」だと言われて久しいが、日本における文化を「まつり」という視角から見直す、あるいは問い直してみると、改めて日常の風景までもが澄み渡ってくるのである。

しかし、これまで永きにわたり、建築・都市計画の領域においては、「まつり」そのものが主題として顧みられることは余りにも少なかった。建築のみならず芸術・デザイン教育を正規に学んだとしても、日本の祭礼を「制作する」という視点から学び・教える機会は無きに等しい。永遠なる不変性に美の理想を位置づけ、ストイックなロジックに価値の規範をおくとする、これまでの「文化の造形」に関して多くを学んだつもりではあるが、学芸ないし学術として、仮初めの空間変様やもてなしの創作術を得る機会は、今日にいたるまで滅多にはなかったのである。

それは、「まつり」に不可欠なエンターテイメント性を付随的な娯楽であるがごときに軽視し、神道儀礼を一つの宗教儀式の通俗としてのみで見過ごしてきた結果によるものでもある。「まつり」に不可欠な「しつらい」が相手への思いの現れであるとするならば、そこには人と人とのかかわりや、人と環境との良き関係性が培われ育まれることを幾ばくかは感じているからでもある。「しつらい」を見れば思いが伝わる、そこに日本の文化への「なじみ」があるのではないのか。「しつらい」は、その場に生きる者の思いやる気持が心となってはじめて「現れ」ることなのである。

大学時代より気になりながらも纏められなかったこのテーマに出版へのお声掛けを下さったのは、京都大学での恩師・川崎清先生との共著『仕組まれた意匠』がご縁でお世話になった元鹿島出版会でフリーエディターの小田切史夫さんです。出版へ向けての企画から現地での撮影まで出版プロデュースの立場から大奮闘して下さいました。また、装幀デザインは京都の美において最も信頼するオリジナル文具店「裏具」のプロデューサー・佐々木まなびさんにお願いしました。筆者の力量不足を補っていただき、葵祭と空間美の素晴らしさを伝えるのに相応しい書籍になったものと感謝しております。

賀茂社は平成二七年に第四十二回の式年遷宮を迎えます。毎年のミアレ神事とともに式年遷宮する賀茂社に日本文化としての極みを託し、本書籍名には固有名詞である賀茂社の名を敢えて記しておりません。日本のしつらい文化とそこでの空間美が葵祭に濃縮していると思っている次第からです。

本書の出版に際しては、便宜を図っていただきました上賀茂神社の田中安比呂宮司と今井守権宮司に、また調査成果も不十分な私に出版の機会を与えてくださいました鹿島出版会に心より御礼を申し上げます。建築設計学を専門にする者として恥じ入る思いから計りはじめたこの一冊が、日本の生活文化に潤いと信頼と優しさと生気を与える「まつり」に不可欠な「しつらい」への学びと、空間設計への一助になることを心より願っております。

平成二五年初夏　嵯峨野にて

大森正夫

【著者紹介】

大森正夫　Masao OOMORI

一九五七年広島県生まれ。京都大学大学院工学研究科博士後期課程（建築意匠学）修了。㈱環境・建築研究所を経て、現在、京都嵯峨芸術大学大学院教授。愛知県立芸術大学、福井工業大学非常勤講師。環境芸術学会理事。

日本建築学会創立百周年記念懸賞論文一等。「都市型アートフェスティバルの実践プログラム」で、意匠学会賞（作品賞）受賞。京都における伝統的な空間手法の解読を、NHKTV番組『ワンダー×ワンダー「銀閣幻の〝月の御殿〟」』、BS日テレ開局7周年特別番組『世界遺産をゆく～金閣寺・国王を夢見た男の輝きの世界～』、ドイツARD・ZDFTV番組『Zen-Gärten-Erleuchtung in Stein』などで紹介。総合芸術祭『神戸ビエンナーレ』の企画運営に携わり、日本文化の多様性を国内外に発信。設計に茶室「翠庵」、京都嵯峨芸術大学「有響館」、サインオブジェ「あかし」、スペースジュエリー「kyo=銀閣」など。著書に『京都の空間遺産-社寺に隠された野望のかたち、夢のあと』（淡交社）、共著に『仕組まれた意匠-京都空間の研究』（鹿島出版会）、編著に『港で出合う芸術祭 神戸ビエンナーレ2009』（美術出版社）など。

写真：大森正夫、小田切史夫
作図：京都嵯峨芸術大学大森研究室
嶋崎祐真、中居真理、高橋里枝

京都《きょうと》、しつらいの空間美《くうかんび》
祭事《さいじ》に解《と》く文化遺産《ぶんかいさん》

二〇一三年九月二〇日 第一刷発行

著者　大森正夫《おおもりまさお》
発行者　坪内文生
発行所　鹿島出版会
〒104-0028 東京都中央区八重洲二-五-一四
電話 〇三-六二〇二-五二〇〇
振替 〇〇一六〇-二-一八〇八八三

出版プロデュース　安曇野公司
装幀・デザイン　goodman inc.
印刷・製本　三美印刷

Kyoto Shitsurai Spatial Aesthetics

ISBN978-4-306-04592-7 C3052

本書の内容に関するご意見・ご感想は下記までお寄せ下さい。
URL : http: //www.kajima-publishing.co.jp　E-mail : info@kajima-publishing.co.jp